CONTENTS

INTRODUCTION

Campo Libre 2, Libro de Práctica, complements the *Libro del estudiante* as a tool to exploit the texts both by the teacher in the classroom and by individual students working on their own.

Each article in the *Libro del estudiante* is exploited in the *Libro de práctica* by a series of exercises designed to develop the different language skills needed to achieve a sound command of Spanish, together with an understanding of Spanish cultural idiosyncracies.

The exercises follow the same sequence, with the occasional variation, throughout the book and are identified by different symbols:

Introduction to the topic. The aim of this type of exercise is twofold. First to help the student get into the mood of the theme. (S)he will raise his/her awareness of the subject by giving opinions and by predicting the way the article will deal with the theme. This part could be carried out by individual reflection, by dialogue with another student or by debating in class. The second aim is to learn the vocabulary and grammatical structures relevant to the particular theme.

The second area of practice is reading exercises that focus on the points of interest by encouraging concentration and the development of thought, as well as by pointing to special language features.

The third area is grammar. Once the student knows the text, this type of exercise will make him/her aware of the structures as they appear in the article and foster deeper understanding by practice.

Once theme and structures are covered, vocabulary development will provide the tools to carry out the remaining tasks.

In a few cases, translation into English is set in order to focus on the differences between the two languages.

Oral practice, through presentation, dialogue and discussion, will foster language development and also stimulate debate. At this stage the student should be encouraged to compare his/her initial ideas with possible changes after discussion with the rest of the class.

After students have worked with language and ideas, the practice will end with writing exercises. The proposed activities can be creative writing, precis or letter writing. Good structure, clarity of ideas and the ability to show different points of view are encouraged by the design and guidelines of the exercises.

On the whole the practice is considered to be a means of harmonising language ability with understanding, by encouraging the integration of the skills and the confidence to express one's thoughts .

A key to the exercises, when relevant, is at the end of the book. This is designed to help the independent learner and to facilitate classroom work. In the case of translation exercises only one translation is given, which is not a definitive version.

We hope both students and teachers will enjoy the practice and find that it provides lively and stimulating methods of learning.

Pilar Muñoz
School of Language, Law & International Studies, University of Surrey
August 2000

A Declive de la población escolar

1 Lee el texto atentamente y decide si las frases a continuación son verdaderas o falsas.

		V	F
a	El estudio ha sido llevado a cabo por una agencia estadounidense.	☐	☐
b	El número de estudiantes cursando estudios superiores bajará en el futuro.	☐	☐
c	En los países católicos de la Unión Europea, este número será aún más bajo.	☐	☐
d	El 30% de la población española estudia en la universidad.	☐	☐

2 Escribe las palabras con significado opuesto a las siguientes:

		significado opuesto
Ej:	La población escolar	La población adulta
a	Los próximos treinta años	------------------------------------
b	Estados miembros	------------------------------------
c	Un descenso más acentuado	------------------------------------
d	Nota positiva	------------------------------------
e	Estudios superiores	------------------------------------

3 Haz una pequeña lista que cite cinco diferencias entre una sociedad con muchos niños y otra con pocos.

Ej: Una sociedad con muchos niños tendrá más parques y zonas de recreo infantil.

1 --

2 --

3 --

4 --

5 --

4 Escribe un texto de unas 75 palabras explicando las ventajas de tener una buena educación con relación a:

- Futuro empleo
- Acceso a profesorado, bibliotecas y tecnología
- Vida social

B *Encerrada en sí misma*

1 Todos hemos oído hablar de los cambios introducidos en la familia por las madres trabajadoras. ¿Tuviste tú una madre trabajadora, o por el contrario tu madre permaneció en casa mientras eras pequeño? Sea cual sea tu caso, escribe cinco frases con las ventajas y desventajas de la que fue tu situación particular.

2 De cada una de las palabras o expresiones de la lista se te ofrecen tres posibles equivalentes, según el sentido del texto; dos son ciertos pero uno es falso. Decide cuál es el falso subrayándolo.

Ej: me veo obligada: no tengo más elección que; me obligan; aunque no quiera

a tengo que dejar: he de dejar; debo dejar; quiero dejar
b unas veces... otras: unos días... otros; principalmente... pero también; siempre... nunca
c pequeña: bajita; menor; más joven
d una niña sociable: extrovertida; a la que le guste la gente; asociada
e ¿Qué piensa usted de esto?: ¿Tienen razón?; Deme su opinión; Me gustaría saber su parecer al respecto
f que se relacione: que se trate; relacionada; que tenga contacto
g los demás: los otros; los más; la gente
h para lograr: para subir; para alcanzar; para conseguir
i sucederse: tener éxito; tener lugar; desarrollarse
j la persona que la atiende: quien la cuida; el que que la vigila; que la alimentan
k diferentes: de otra raza; distintos; que cambien cada día
l giren: den vueltas; pululen; vuelvan
m los momentos: el tiempo; los días; los ratos

3 Practica las construcciones gramaticales dando consejo a un amigo siguiendo, el modelo del ejemplo.

Ej: **amigo:** ¿Qué hago para conseguir sacar el carnet de conducir?

tú: Para conseguir sacar el carnet de conducir, tienes que matricularte en una auto-escuela.

a **amigo:** Quiero aprender español ¿Qué hago?

tú: Para..

b **amigo:** ¿Cómo puedo ir a Málaga desde Londres?

tú: Para..

c **amigo:** Necesito un trabajo para los fines de semana ¿Qué hago para encontrarlo?

tú: Para ....

d **amigo:** Se me ha estropeado la bicicleta ¿Dónde puedo arreglarla?

tú: Para ....

e **amigo:** No hay comida para el gato ¿Dónde puedo comprar?

tú: Para ....

4 Ordena las siguientes frases de acuerdo con el sentido del texto.

- **a** Varios miembros de la familia cuidan a la hija de Ana.
- **b** La madre quiere saber lo que la especialista de la revista piensa de su situación.
- **c** La realidad es que la niña es huraña y solitaria.
- **d** Su hijita de dos años tiene que quedarse con alguien.
- **e** Ana es una madre que tiene que trabajar.
- **f** Los padres de la niña pensaban que eso le haría bien.

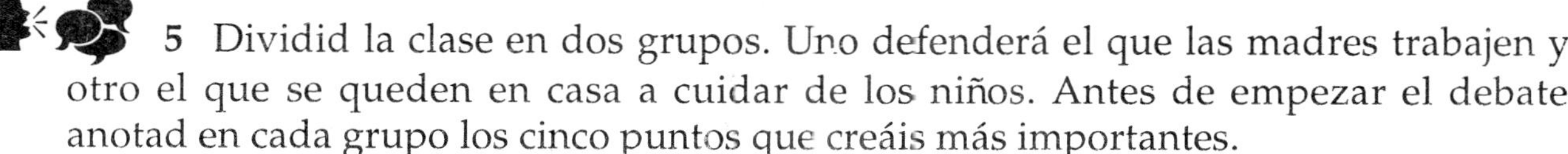

5 Dividid la clase en dos grupos. Uno defenderá el que las madres trabajen y otro el que se queden en casa a cuidar de los niños. Antes de empezar el debate anotad en cada grupo los cinco puntos que creáis más importantes.

> Recordad el vocabulario adecuado para debatir un tema:
>
> *Soy de la opinión; También hay que tener en cuenta; No debemos olvidar; Estoy/estamos de acuerdo; No estoy/estamos de acuerdo; Los compañeros olvidan que…*

6 Escribe un pequeño resumen de 50 palabras explicando la conclusión del debate. ¿Has cambiado la opinión que tenías antes de empezar?

C *La fantasía en los niños*

1 Antes de empezar a trabajar el texto piensa un poco sobre la idea de la fantasía. ¿Qué entiendes tú por fantasía? ¿Te parece algo positivo, que estimula la imaginación y la creatividad, o crees que es algo negativo que puede llevar a un distanciamiento de la realidad? ¿Podrías dar unos ejemplos?

2 Lee el texto y a continuación termina las siguientes frases siguiendo su sentido.

Ej: La infancia no es únicamente una época de juegos inocentes, también … existen problemas que el niño necesita solucionar.

- **a** La preocupación principal de los padres es …
- **b** Al principio los niños no distinguen …
- **c** La fantasía es buena …
- **d** La falta de fantasía es …
- **e** Si la imaginación del niño es desbordante…
- **f** Parece comprobado que los niños con capacidad para la fantasía no…
- **g** El problema aparece cuando…

3 Empareja cada palabra o expresión de la lista A con otra de la lista B que tenga el mismo sentido.

	Lista A		*Lista B*
a	épocas	1	aclimatación gradual
b	resueltos	2	mezcle
c	previa	3	excesiva
d	progresiva adaptación	4	pasa de vez en cuando
e	colocarse en el papel	5	periodos de tiempo
f	confunda	6	alejar
g	ocurre a veces	7	solucionados
h	escasez	8	anterior
i	desbordante	9	entender la situación
j	separar	10	falta

a	b	c	d	e	f	g	h	i	j
☐	☐	☐	☐	☐	☐	☐	☐	☐	☐

4 El texto utiliza muchos adjetivos para describir las palabras *niño* y *fantasía*. Haz una lista de 10 de los adjetivos que encuentres para la primera y de 5 para la segunda.

niño
1 ....
2 ....
3 ....
4 ....
5 ....
6 ....
7 ....
8 ....
9 ....
10 ....

fantasía
1 ....
2 ....
3 ....
4 ....
5 ....

5 Reúnete con un pequeño grupo de compañeros de clase y comentad si en vuestra niñez hicisteis uso de la fantasía. Por ejemplo, si tuvisteis un amigo imaginario o si os gustaba jugar a policías y ladrones o representar escenarios de películas o de cuentos.

Una vez hayáis ordenado vuestras ideas, escribid un comentario de unas 100 palabras contando vuestras fantasías infantiles. Si no utilizasteis la fantasía, explicad por qué.

D Soy un niño. ¿Quién me ayuda?

1 El texto habla de algunos de los problemas que se presentan en la infancia. Imaginad, en pequeños grupos, cuáles serán estos problemas y haced una lista de palabras que os harán falta para hablar o escribir sobre ellos.

2 Aquí tienes el árbol genealógico de Ana. Rellena los huecos de las frases con el parentesco que relaciona a los miembros de la familia.

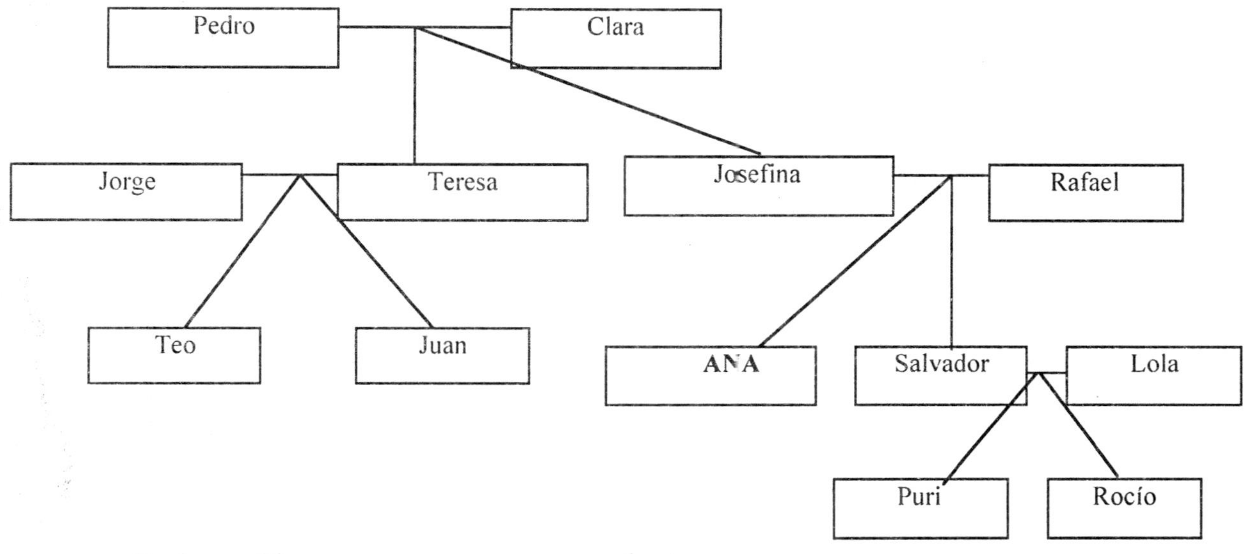

a Pedro y Clara son .... de Ana.
b Josefina es .... de Rafael.
c Jorge es .... de Josefina y .... de Teresa.
d Teresa y Jorge tienen dos...................... que son los .... de Ana.
e Salvador es el .... de Ana y el .... de Puri y Rocío.
f Lola tiene una cuñada, ...
g Pedro y Clara son .... de Lola y Teo.
h Puri y Rocío son .... y .... de Ana.

3 A continuación verás dos textos que son dos resúmenes de dos párrafos del artículo pero que contienen información ligeramente diferente al texto original. Lee los resúmenes y decide qué frases de los resúmenes son diferentes del texto original.

a *(Párrafo 2 del texto)* Una amiga de Ana le dijo que se había puesto en contacto con un teléfono de ayuda a los jóvenes y que ellos se habían hecho cargo del problema y lo habían solucionado. Ana ha decidido probar sin que lo supiera su familia. El problema de Ana es que nadie comprende su angustia al verse gorda. Para ella la única solución es no comer nada ya que está segura de que todo lo que come acaba por convertirse en grasa.

b *(Párrafo 7 del texto)* A los adultos nos parece que los problemas infantiles y juveniles no son importantes. Un especialista cree que si los niños conocieran la existencia del Teléfono del Menor llamarían con más frecuencia. J.Urra sabe que aunque nadie les diga nada, los niños se imaginan que nadie les aprecia, y esto les crea grandes problemas psicológicos que ni los padres ni los profesores pueden entender.

4 Practica el uso del infinitivo rellenando los huecos vacíos de las frases siguientes con uno de los infinitivos del recuadro.

a La existencia del teléfono del mayor permite que los niños puedan .... si tienen problemas.

b Al .... , Ana espera .... peso.

c La falta de comunicación con los padres puede .... graves problemas a los niños.

d Al .... las responsabilidades laborales de la mujer, los niños han tenido que .... más solos.

e Los adultos tenemos la costumbre de .... sólo en el futuro de los niños.

f Los niños han dejado de .... cerca de sus abuelos.

g Además, muchos padres, al .... , tienden a .... a los niños como un arma contra el "ex"

separarse	crecer	pensar	perder	llamar	incrementarse	ocasionar	utilizar	vomitar	vivir

5 Después de leer el texto, elige, de acuerdo con tu opinión, una de las tres terminaciones que se ofrecen a cada frase. Una vez lo hayas hecho justifica tu elección delante de la clase. Debéis intercambiar opiniones si hay distintos puntos de vista entre vosotros.

a Cuando los niños tienen problemas…
- **I** deben siempre acudir a sus padres
- **II** deben buscar ayuda en cualquier parte
- **III** lo mejor es comentarlo con los amigos

b Ana tiene razón…
- **I** en quejarse de la falta de comprensión de su madre
- **II** al creer que cualquier remedio es bueno para no estar gorda
- **III** al pensar que necesita ayuda

c La nueva situación familiar…
- **I** produce siempre niños solitarios e insatisfechos
- **II** lleva a los adultos a una falta de comprensión de las necesidades de los niños
- **III** hace que hoy en día el ser niño sea algo terrible

d Los niños ahora no tienen acceso a otros miembros de la familia y eso…
- **I** les priva de unas relaciones muy importantes
- **II** les hace más independientes
- **III** pone una gran responsabilidad en los padres

afirmativas: sí; siempre; todos los días; muchísimo; por supuesto; de sobra; de maravilla; sin falta

negativas: no; nunca; ¡qué va!; ¡ni pensarlo!; en absoluto; ninguno/a/os/as; ni siquiera…; ni de broma; no hace falta.

de compromiso: quizás; a veces; puede ser; pocas veces; casi nunca/siempre; raras veces; más o menos; por las tardes; algunas veces.

6 Uno de los problemas de organizar un Teléfono del Menor es el llegar a los niños para que conozcan su existencia. Los más pequeños no saben leer o escribir y sería difícil contactarlos por teléfono o carta sin que sus padres lo supieran.

Escribe un texto de cien palabras en español explicando el problema y dando, si eres capaz, alguna solución a él.

E *Fátima, 10 años. Tengo Síndrome de Down*

1 ¿Sabes lo que es el Síndrome de Down? ¿Podrías describir a un niño con este síndrome? ¿Ha habido en tu familia una experiencia parecida a la del padre de Fátima? Si no la ha habido ¿puedes imaginarte lo que puede suponer para un padre esa noticia? ¿Qué planes hay que hacer para cuidar a un bebé enfermo? Trata de contestar esas preguntas antes de empezar a trabajar el texto.

2 Lee el texto y a continuación contesta las siguientes preguntas:

a ¿Por qué tuvo que abandonar Manuel Ramiro su puesto de ejecutivo de publicidad?
b ¿Cuál es uno de los principales problemas de los padres al escuchar por primera vez la noticia de que su bebé tiene Síndrome de Down?
c A Manuel Ramiro le preocupaban dos cosas cuando habló con el médico esa mañana de abril. ¿Cuáles eran esas dos cosas?
d ¿Qué clase de médico es un pediatra?
e ¿En qué se diferencia la educación de un niño con Síndrome de Down a la de otro niño?
f ¿Por qué piensa el padre de Fátima que estos niños inspiran una ternura especial?
g ¿Puedes explicar la razón por la que estos niños deben empezar su educación inmediatamente?

3 Cada una de las palabras de la lista pertenece o es parte de un nombre genérico. Coloca al lado de cada palabra el nombre genérico al que pertenece. A veces te convendrá ayudarte con otras palabras como en el ejemplo.

	nombre genérico		*nombre genérico*
Ej:	mañana> (parte del) día		
a	hijos> -------------------------------	**f**	sala de partos> -------------------
b	primero> ---------------------------	**g**	pediatra> -------------------------
c	tristeza> ---------------------------	**h**	pecho> ------------------------------
d	Síndrome de Down> ------------	**i**	espontáneamente> --------------
e	médico> ---------------------------	**j**	ejercicio> ---------------------------

4 Practica las preposiciones rellenando los huecos de las frases a continuación con la que tú consideres apropiada.

a .... aquella mañana de abril hacía frío.

b Manuel Ramiro abandonó su carrera .... Fátima.

c Manuel Ramiro abandonó su carrera .... cuidar a su hija.

d Alrededor .... uno .... cada 800 niños nace con Síndrome .... Down.

e Hoy .... día lo normal es que los nacimientos vayan .... ruedas.

f Es normal que los padres reciban la noticia .... sentimientos mezclados.

g .... todo, los padres sienten mucha ternura .... estos bebés.

h Es importante que .... estos bebés se les dé cuidados especiales.

5 Hoy en día es posible llevar a cabo análisis para detectar posibles alteraciones en el feto antes del nacimiento. Esto da a los padres la oportunidad de terminar el embarazo si así lo desean. Por otra parte, la práctica de estos procedimientos puede llevar, con el tiempo, a una población uniforme, sin diferencias.

¿Qué piensas de este tema?

Organiza tus ideas al respecto y prepara una presentación a la clase. Otro compañero deberá defender la opinión contraria a la tuya.

Al final de ambas presentaciones la clase deberá discutir el tema y redactar una conclusión que recoja los distintos puntos discutidos.

6 Escribe un pequeño texto de unas cien palabras explicando la necesidad de que el gobierno se haga responsable de las necesidades específicas de los niños con Síndrome de Down, para que casos como el de Manuel Ramiro no sean necesarios.

Empieza explicando los hechos y continúa dejando claro que el caso de Fátima no es sólo responsabilidad de su familia sino de toda la sociedad.

F El Olimpo enano

1 Intenta imaginar a qué se refiere el título *"El Olimpo enano"*. Seguidamente trata de recordar cuáles eran los héroes de tu infancia, qué características tenían, cuál era tu favorito/a. Puede que se trate de un personaje de la televisión o quizá de la literatura infantil o del cine. ¿Crees que los héroes de los niños de hoy son diferentes? En caso afirmativo, ¿por qué piensas que son diferentes?

2 El texto a continuación es un resumen de la primera parte del artículo. Rellena con las palabras del recuadro los huecos vacíos.

Entre .... los personajes clásicos de la .... infantil, los únicos que han sobrevivido han sido los Reyes Magos, Papá Noel y el Ratoncito Pérez. Los .... personajes como los ogros, las hadas y los fantasmas, que necesitan de una .... dosis de imaginación, han .... a la televisión y las nuevas tecnologías. Los niños actuales parecen totalmente .... en unos personajes que no llevan armas, son .... y además no ofrecen regalos.

Según una encuesta llevada a cabo en 10 .... de Madrid, para que los niños acepten a un personaje éste tiene que ofrecer ciertas .... Es imprescindible que salga en la televisión, que traiga las bolsas llenas y que llegue siempre en un .... determinado. Los héroes .... citados cumplen estos requisitos y por lo tanto tienen asegurado su .... en el imaginario infantil.

fuerte	colegios	anteriormente	sitio
desinteresados	literatura	invisibles	todos
otros	garantías	sucumbido	día

3 Termina las frases de ***a*** a ***e*** con una de las terminaciones de ***1*** a ***5***

a Entre los seis y los ocho años...
b Los mayores de ocho años preferirían creer que...
c Uno de los niños encuestados...
d Tanto pequeños como mayores...
e Los más pequeños...

1 ...declara que finge creer en el Ratoncito Pérez
2 ...los Reyes Magos son realmente magos
3 ...prefieren los héroes de la televisión
4 ...no dicen que no a los personajes fantásticos
5 ... empiezan a dudar de lo que no ven

a	b	c	d	e
☐	☐	☐	☐	☐

4 Traduce al inglés el siguiente texto:

Pero hacen falta[1] más requisitos. Salir en la televisión es casi imprescindible. Los niños de hoy quieren ver para creer y la tele es prueba irrefutable que certifica la existencia de casi todo. Así lo atestiguan los resultados de una encuesta realizada a más de 300 escolares entre 4 y 11 años en 10 colegios de Madrid. Se pretendía[2] conocer en qué o en quién creen los niños de hoy. Cuáles son sus personajes más queridos y odiados. A quién les gusta parecerse. Cuáles son sus filias y sus fobias.

5 Lee las tres frases a continuación:

a "Las nuevas tecnologías como los videojuegos, la televisión y la internet, destruyen la capacidad creativa de los niños y limitan su imaginación."

b "La tecnología abre el mundo a los niños y les da acceso a información y conocimientos que les abren fronteras. Ser niño hoy día es mucho más interesante y divertido que lo era hace unos años."

c "La nueva tecnología es solo accesible a un pequeño número de niños. La gran mayoría de la población infantil no puede creer en los antiguos personajes de los cuentos, pero tampoco tiene acceso a los avances de la modernidad."

Elige el tema de los tres ofrecidos que más de acuerdo esté con tu punto de vista, prepara tu argumento y disponte a discutirlo en tu clase con otros compañeros que no estén de acuerdo contigo. El profesor actuará de moderador.

Recuerda que es importante mantener la cortesía a la hora de discutir un tema.

6 Escribe un resumen del artículo en 125 palabras. Trata de recoger todas las ideas que se reflejan en él.

1 **hacen falta; a quién les gusta:** Recuerda la especial construcción gramatical de estos verbos en los que el sujeto no es la persona sino la cosa y éste va colocado después y no antes del verbo. Al traducir al inglés, la construcción será la tradicional de sujeto, verbo, objeto directo.

2 **se pretendía:** el pronombre *se* en esta frase introduce la voz pasiva. Cuando traduzcas al inglés tendrás que utilizar la voz pasiva con *it* como sujeto del verbo.

G San Sebastián, 12 de julio de 1998 Querido Fer...

1 Antes de leer el texto trata de ponerte en el lugar de Cayetana mirando atrás a tu infancia. Piensa en las personas y los hechos que fueron importantes entonces, tu familia, el colegio, quizá el primer hecho histórico que recuerdes como importante.

Ten en cuenta que todos esos recuerdos vas a comentarlos utilizando el pasado y en español, para las descripciones en el pasado, se utiliza el pretérito imperfecto.

2 Lee el artículo con atención y decide si las siguientes frases son verdaderas o falsas:

		V	F
a	Cayetana ha descubierto la razón por la que reñía con su hermano.	☐	☐
b	La madre de Fer decidió proteger a la más pequeña.	☐	☐
c	Cayetana cree que al crecer, el escenario de la infancia se hace más pequeño.	☐	☐
d	De pequeño, Fer se quejaba de que estaba muy solo.	☐	☐
e	A Fer le gustaba vengarse por la mañana a la hora del desayuno.	☐	☐
f	Mientras la hermana mayor se peleaba con Fer, Caye se comía el desayuno de los dos.	☐	☐
g	Al hacerse mayor Caye echa de menos su infancia.	☐	☐
h	Caye recuerda las buenas cualidades que Fer tenía cuando era niño.	☐	☐

3 A continuación tienes un esquema de la carta de Caye a su hermano Fer según aparece en el texto. Decide que tiempo verbal vas a necesitar para cada una de las secciones.

		tiempo verbal
Ej: *Sección a*	Caye descubre la razón de sus peleas infantiles	<u>*Presente de indicativo*</u>
Sección b	Caye recuerda los sentimientos de su hermano en aquel tiempo con relación a las dos chicas	....
Sección c	Caye describe la situación que había a la hora de dormir.	....
Sección d	Caye describe los sucesos que se repetían a la hora del desayuno.	....
Sección f	Caye describe sus sentimientos en aquel tiempo.	....
Sección g	Caye explica el valor que todo aquello tiene ahora para ella y su opinión de su hermano.	....

4 Practica el uso del subjuntivo construyendo seis frases basándote en los recuerdos de tu infancia. Sigue los modelos de los ejemplos.

Ej: Me gustaba que ... mi padre *me llevara* a ver partidos de fútbol

Ej: No me importaba que ... *viviéramos* en un pueblecito pequeño

- **a** Me fastidiaba que ...
- **b** Me encantaba que...
- **c** A mi madre no le gustaba que yo...
- **d** Echo de menos que ...
- **e** Lo que añoro es que ...
- **f** Me daba envidia el que ...

5 Rellena el siguiente cuadro con las palabras que faltan en cada caso.

nombre	*adjetivo*	*verbo*
Ej: comida	comido	comer
envidia		
		entusiasmar
	apoyada	
		desayunar
salto		
	ensayado	
clave		
		espantar

6 Escribe una carta a un amigo íntimo o a un miembro de tu familia recordando tu infancia. Antes de empezar reflexiona sobre qué tiempo verbal vas a necesitar, haciendo un esquema previo de la carta.

> Ten en cuenta que para escribir una carta informal y a una persona bastante cercana a ti necesitarás empezar con la fórmula *Querido/a...* y terminar con frases como *Besos, Con cariño, Te quiere etc.*

H *Cuéntame un cuento*

1 En realidad los cuentos o las historias nunca dejan de interesarnos. Piensa en las películas que ves en el cine o en la televisión o en las series televisivas. Piensa en las primeras historias que te gustaba escuchar. ¿Puedes recordar por qué te gustaban? ¿Preferías historias cuando eras pequeño o por el contrario estabas más interesado en la acción por medio de juegos o deportes? Sí tenías una historia preferida, trata de reconstruirla en español.

2 Lee el artículo y termina cada una de las frases siguientes según lo que se dice en él:

a Los niños deberían escuchar un cuento diariamente porque tanto psicólogos como educadores piensan que...

b Un ensayo para la vida

Al escuchar un cuento tradicional, los niños tienen acceso a un tipo de experiencia que más tarde ...

c Cuentos de cosecha propia
Los cuentos inventados por quien los cuenta tienen la ventaja de que...

d Ellos quieren escuchar siempre el mismo cuento
Cuando los niños prefieren escuchar una historia ya conocida, los efectos que ésta produce son ...

e Un poco de sabiduría
La escritora Ana María Matute recomienda la lectura de cuentos a todos porque...

3 Al contrario de lo que pasaba con los recuerdos de infancia, los cuentos, también contados usando el pasado, necesitan el pretérito indefinido cuando explican las acciones que tuvieron lugar. A continuación tienes el cuento de Caperucita Roja contado centrándose en los hechos. Rellena los espacios vacíos con el pretérito indefinido. Una vez hecho esto vuelve a contar el cuento introduciendo descripciones que lo hagan más rico e interesante y para las que necesitarás el pretérito imperfecto.

Erase una vez una niña llamada Caperucita Roja. Un día su madre le ....(decir) que fuera a casa de su abuelita a llevarle la merienda. La madre le .... (recordar) que no cruzara el bosque, pero Caperucita no le .... (hacer) caso y .... (decidir) cruzarlo. Por el camino la niña se .... (encontrar) con el lobo que ....(preguntar) adónde iba. Caperucita se lo .... (contar) y .... (seguir) su camino. El lobo .... (pensar) en llegar a la casa de la abuelita antes que Caperucita y así lo .... (hacer).

Al llegar, el lobo se .... (comer) a la abuela de un bocado, se .... (vestir) con su ropa y se .... (meter) en la cama pretendiendo ser la abuela.

Cuando .... (llegar) Caperucita a la casa de la abuelita .... (pensar) que ella parecía un poco extraña y mirándola fijamente .... (decir):

— Abuelita ¡qué ojos más grandes tienes!

El lobo .... (responder):

— ¡Para verte mejor!

— Abuelita ¡qué orejas más grandes tienes!

— ¡Para oirte mejor!

— Abuelita, ¡qué dientes más grandes tienes!

En ese momento, el lobo .... (saltar) de la cama hacia Caperucita y .... (gritar):

—¡Para comerte mejor!

El malvado lobo se .... (disponer) a devorar a la pobre Caperucita, pero entonces un cazador que se .... (dar) cuenta de lo que pasaba se .... (acercar) a la casita, ... (sacar) su escopeta y .... (matar) al lobo.

Y dice el cuento que como el lobo se .... (comer) a la abuelita de un solo bocado, el cazador .... (poder) sacarla del vientre del lobo sana y salva. Así que todos .... (ser) felices y .... (comer) perdices y a nosotros no nos .... (dar) porque no .... (querer).

4 Una vez terminada esta tarea intentad añadir información extra por medio del pretérito imperfecto.

Ej: Erase una vez una niña llamada Caperucita Roja ***que tenía sólo ocho años.*** Un día su madre, ***que siempre estaba muy ocupada,*** le dijo que fuera a casa de su abuelita ***que se encontraba en la linde del bosque,*** a llevarle la merienda...

5 Elegid a cinco miembros de la clase para que representen el cuento de *Rizos rubios y los tres osos.* Uno de los miembros será el/la narrador/a, otro/a Rizos rubios, otro/a papá oso, otro/a mamá osa y por último el/la pequeño/a osito/a. Dejad un poco de tiempo para que los actores se preparen y tened en cuenta que el/la narrador/a utilizará el tiempo pasado mientras que los personajes hablarán en presente o en pretérito perfecto.

6 A veces cuando un cuento termina nos queda la curiosidad de saber qué fue lo que pasó después. Trata de escribir un epílogo de 150 palabras al cuento de Caperucita Roja, de Rizos Rubios y los tres osos o de otro cuento que tú prefieras.

En el caso de Caperucita imagina:

- Lo que dijo la madre cuando se enteró de lo sucedido.
- Cómo reaccionaron los otros lobos de la manada al darse cuenta de lo que le había pasado a su compañero.
- ¿Y la abuelita? ¿Crees que se fue a vivir con Caperucita y su madre después del susto que se llevó?
- ¿Crees que las tres mujeres hicieron algo para darle las gracias al cazador?

I La Policía atrapa a cuatro menores tras un tiroteo y una larga persecución

1 El texto que vas a leer es de tipo periodístico con un estilo característico. Piensa cuáles serán esas características en cuanto a la extensión del detalle, la longitud de las frases y el ritmo de la información. Para ayudarte a establecer los rasgos del lenguage periodístico trata de compararlo con el literario.

2 Lee el artículo y seguidamente escribe un pequeño resumen con la información ofrecida en él siguiendo el esquema propuesto a continuación.

a Dónde y cuándo tuvieron lugar los hechos.
b Cuántos eran los menores y qué hacían cuando les sorprendió la policía.
c Cuántas unidades policiales se involucraron en la persecución.
d Cómo fue la persecución.
e Qué pensó el vecino del Cabanyal de los hechos.
f Cómo terminó el suceso.

3 Completa las frases con las terminaciones correctas para cada palabra teniendo en cuenta las concordancias de número y género.

a Vari... unidades policia... persigui... ayer a ... grupo de cuatro jóven... que habí... intentado robar ... coche.
b L... jóven... se lanzar... a l... huida por l... call... del distrito Marítim... de Valencia
c L... persecución causó impacto en l... zona ya que hub... disparos por parte de l... policía.
d U... vecin... coment... que parecí... tratarse de u... película ya que no.... frecuente ver por es... barrio un... persecución tan violent...
e Al final l... jóven... quisie... esconder... en u... bar pretendie... que toma... un inocent... café.

4 Haz dos listas con las palabras siguientes, una para los nombres femeninos y otra para los masculinos. Una vez terminado el ejercicio descubre si tu elección ha seguido alguna regla.

Helicóptero, paseo, nación, cuerpo, pistola, ocasión, velocidad, aire, duración, furgón, disparo, seguridad, vez, turismo, servicio, Cabanyal, norma, circulación, principio, número, vehículo.

femeninos		*masculinos*	
---------------	---------------	---------------	---------------
---------------	---------------	---------------	---------------
---------------	---------------	---------------	---------------
---------------	---------------	---------------	---------------
---------------	---------------	---------------	---------------
---------------	---------------	---------------	---------------

5 Busca en el texto palabras o expresiones que sean equivalentes a las de la lista:

a entonces
b pretendían
c sin prisas
d unidad aérea de la policía
e similar
f atropellar
g zona
h poco
i repitió
j coches
k en aumento
l a su captura
m arrestados
n al poco tiempo

6 El tema de la delincuencia juvenil preocupa mucho a todos ya que presenta problemas difíciles de solucionar como decidir cuál es la mejor forma de evitarla. ¿Es apropiado castigar severamente a los delincuentes menores o es mejor solución poner medios para que la sociedad evite las circunstancias que hacen posible su existencia? ¿Crees tú que los medios de comunicación como la televisión y el cine, al presentar escenas violentas causan gran impacto en las mentes de los niños inclinándoles hacia la delincuencia? Iniciad un debate sobre este tema en la clase.

7 Como alternativa a la actividad anterior o para complementarla la clase puede representar un juicio en el que se juzgue a los cuatro menores del artículo. Vais a necesitar un juez, un abogado defensor, un fiscal, los cuatro acusados y un jurado.

- El juez actúa como moderador y dicta la sentencia.
- El abogado defensor apela al jurado para que comprenda que los niños son víctimas de sus circunstancias.
- El fiscal explica el peligro tan grande que supone para la sociedad tener niños como ésos en libertad.
- Los acusados tratan de explicar las razones que les llevaron a cometer el delito.
- El jurado discute los distintos argumentos ofrecidos y trata de llegar a un acuerdo.

8 Escribe, en estilo periodístico, rápido e impactante, un pequeño artículo de unas 150 palabras sobre un hecho que hayas presenciado o leído que te haya impresionado. Puede ser un accidente, un delito o un desastre natural pero también podría ser un suceso divertido o emocionante.

Escribe primero un plan con la sucesión de los hechos y trata de pensar en las estructuras linguísticas que vas a necesitar.

J *Actividades extraescolares Jornada intensiva*

1 Antes de leer el artículo, reflexiona hasta qué punto el estilo de escritura refleja el tema tratado. Este artículo trata sobre el frenético tipo de vida de los niños de hoy, con gran número de actividades y poco tiempo para el descanso o el ocio. El estilo, por consiguiente, es rápido. En el primer párrafo las frases son cortas, casi sin verbos. El último párrafo hace uso de los puntos para facilitar la comprensión.

2 Lee el artículo y compón a continuación el horario de un día cualquiera de un joven escolar español.

7.00	suena el despertador
8.0	--------------------------
9.00/13.00	--------------------------
13.00/15.00	--------------------------
15.00/18.00	--------------------------
18.00/19.30	--------------------------
19.30/21.00	--------------------------
21.0	--------------------------

 **3** Contesta las siguientes preguntas según la información ofrecida en el artículo.

a ¿Qué entiende Pilar Fajardo por actividades pasivas? ¿Podrías citar algún ejemplo de este tipo de actividades?

b ¿Cuál es la razón, según la psicóloga Blanca Narváez, por la que las actividades extraescolares pueden producir estrés en los niños?

c El artículo da cinco puntos a tener en cuenta a la hora de organizar actividades extra para los niños. Elige uno de ellos, el que consideres más importante y explica brevemente las razones de tu elección.

4 Traduce al inglés el texto siguiente.

Acoplándose a las nuevas demandas de los alumnos, pero sobre todo de los padres, los colegios españoles han ido introduciendo en sus programas educativos todo tipo de actividades, ajenas al sistema tradicional de enseñanza.

Sin ir más lejos, Pilar Fajardo, directora del colegio María Montessori, nos explica que en este centro los alumnos, dentro de su formación, pueden acceder, entre otras cosas, a clases de inglés, cerámica, baile, música, judo e informática.

5 Completa el resumen a continuación rellenando los huecos vacíos con el infinitivo o el gerundio de los verbos en el recuadro según convenga.

Los niños en edad escolar se pasan el día .... de una actividad a otra. Este tipo de vida se está .... en la regla general y los pequeños ahora no tienen tiempo para .... o .... libremente. La directora del colegio María Montessori explica cómo los colegios están .... a las necesidades de los padres principalmente .... actividades que van más allá del programa tradicional. El problema parece .... que al .... los padres estas actividades, los niños se ven forzados a .... y empiezan a .... el estrés de la obligación.

ser	hacerlas	descansar	ir	sentir
elegir	convertir	ofrecer	jugar	responder

6 Hoy en día todos conocemos los síntomas del estrés y los peligros que encierra. Por otra parte, la falta de estrés podría llevar a una vida sin estímulo. Dividid la clase en dos grupos: uno describirá la vida de una persona muy ocupada, por ejemplo un cirujano o un policía; el otro grupo describirá la de una persona sin empleo o con uno rutinario como un vendedor de entradas de cine. Anotad las ventajas y desventajas de unos y otros y presentadlas a la clase.

7 Escribe un ensayo de unas 200 palabras respondiendo al título, "Los juegos en libertad y el descanso son fundamentales para el desarrollo normal de los niños". Ayúdate recogiendo las ideas que se ofrecen en el artículo.

Recuerda que un buen ensayo debe incluir:

- Una introducción con las ideas generales en las que vas a basar tu ensayo.
- Una parte central donde se analizan los pros y los contras de las ideas.
- Una conclusión que recoja tu punto de vista después del análisis.

K La marcha mundial contra la explotación laboral de la infancia llegó ayer a España tras haber pasado por Africa, América y Asia

1 El artículo que vas a leer a continuación trata de dos temas importantes:

- los efectos en la sociedad de un bajo índice de natalidad y
- la explotación laboral de los menores.

Comenta con un compañero los efectos de estos dos hechos en la sociedad y pensad en los motivos de su existencia así como posibles soluciones a ellos.

2 Lee el texto y decide a continuación si las frases siguientes son verdaderas o falsas de acuerdo con el artículo.

		V	**F**
a	En España había antes muy pocas escuelas.	☐	☐
b	No existen leyes generales para todos los países que defiendan los derechos de la infancia.	☐	☐
c	El problema de la explotación infantil se da sólo en el Tercer Mundo.	☐	☐
d	Un grupo de niños se reunió para hablar de los problemas de la infancia.	☐	☐
e	Aznar prometió ayuda económica en la oposición pero ya en el poder esta ayuda no llegó.	☐	☐

3 Rellena los huecos vacíos de la tabla con las palabras que faltan.

infinitivo	*nombre*	*adjetivo*
Ej: marchar	marcha	marchador
proteger		
	explotación	
erradicar		
		promovido
		existentes
	calificación	
		debatido
	encuentro	
comprometer		

4 Busca en el texto las palabras o expresiones que son equivalentes a las siguientes en inglés.

a added
b later
c meeting
d numbers
e each time
f rights
g developing
h support
i corners
j approved
k laws
l term
m Prime Minister
n increase
p thread

5 Los niños españoles se reunieron en una especie de parlamento infantil para discutir los problemas de la infancia. Haced lo mismo en la clase esta vez hablando de los problemas de los estudiantes. Primero os dividís en pequeños grupos y escribís un decálogo con los derechos de los estudiantes. Después, con el/la profesor/a como moderador, y uno de los estudiantes como escribiente, componed un nuevo decálogo que recoja los distintos puntos presentados por los grupos.

Los diez derechos de los estudiantes

1 --
2 --
3 --
4 --
5 --
6 --
7 --
8 --
9 --
10 --

6 Escribe una carta a tu periódico local mencionando la existencia de *La marcha contra la explotación de la infancia* que pasará por tu ciudad dentro de unos días y llamando a la población a participar y colaborar con ella.

> Recuerda para escribir una carta formal: además de la fecha y las direcciones del destinatario y tuya, deberás empezar escribiendo: *Muy Sr mío* y terminar con fórmulas como: *Le saluda atentamente, Saludos respetuosos, Le saluda* etc. No te olvides de escribir tu ocupación debajo de la firma.

L *Una aventura con final feliz*

1 El artículo narra un hecho ocurrido en Madroñera. Unos niños salieron a coger moras y se perdieron. La comunidad donde vivían suspendió todas las actividades para buscar a los niños. Al final todo salió bien. Piensa en cómo sería un hecho de esa naturaleza en tu país, cómo y dónde se perderían los niños, quién saldría a la búsqueda de los pequeños, la repercusión del hecho en la comunidad. Después de leer el artículo establece posibles diferencias entre los dos entornos culturales.

2 Las frases siguientes contienen un resumen de la información tal y como aparece en el artículo. Ordénalas siguiendo el orden del texto colocando el número correspondiente en las casillas.

a El hecho que alarmó a los habitantes de la población ☐
b Lugar en el que se encontraban los niños. ☐
c Reacción de la gente al finalizar la aventura. ☐
d Resumen de todo el artículo. ☐
e Extensión posterior de la zona de batida y de los participantes. ☐

f Primera reacción de los habitantes. ☐

g Razón por la que los niños no volvieron a sus casas. ☐

h Area que fue batida primero por familiares y vecinos. ☐

i Quienes llevaron a cabo la búsqueda. ☐

1 2 3 4 5 6 7 8 9

3 Empareja las palabras de la lista A con las equivalentes de la lista B.

	Lista A		*Lista B*
a	localidad	1	se hizo de noche
b	cacereña	2	tras
c	moras	3	deshabitada
d	después de	4	pueblo
e	hallados	5	anuales
f	sanos y salvos	6	cancelada
g	escasos	7	se generalizó
h	abandonada	8	encontrados
i	importantes	9	en buen estado
j	anocheció	10	participación
k	cundió	11	de Cáceres
l	colaboración	12	considerables
m	voluntariamente	13	a poco menos de
n	patronales	14	frutas silvestres
ñ	suspendida	15	desinteresadamente

a	**b**	**c**	**d**	**e**	**f**	**g**	**h**	**i**	**j**	**k**	**l**	**m**	**n**	**ñ**
☐	☐	☐	☐	☐	☐	☐	☐	☐	☐	☐	☐	☐	☐	☐

4 Escribe la tercera persona del singular y del plural del pretérito indefinido de los siguientes verbos:

	3ra persona singular	*3ra persona plural*
Ej: buscar	buscó	buscaron
caer	-------------------------	-------------------------
comentar	-------------------------	-------------------------
creer	-------------------------	-------------------------
cundir	-------------------------	-------------------------
desaparecer	-------------------------	-------------------------
dormir	-------------------------	-------------------------
haber	-------------------------	-------------------------
hacer	-------------------------	-------------------------
llegar	-------------------------	-------------------------
pedir	-------------------------	-------------------------
poder	-------------------------	-------------------------
reincidir	-------------------------	-------------------------
ser	-------------------------	-------------------------
tener	-------------------------	-------------------------
ver	-------------------------	-------------------------

5 Es posible que vivieras en tu infancia alguna aventura aunque no fuera tan dramática como la del artículo. Algo que pasó en el colegio, o estando de vacaciones o a algún miembro de tu familia. Cuenta la historia en el pasado tratando de mantener una estructura similar a la del artículo.

Antes de empezar escribe un esquema de frases cortas con el orden en el que vas a describir los hechos. Escribe unas 150 palabras.

M Dos amigos

1 El texto que vais a leer trata de la experiencia de ponerse en contacto con un grupo social diferente. Es normal el pensar que conocer el mundo de aquellos más ricos y poderosos que nosotros será algo excitante, pero, según el texto, también lo sería si el contacto se hace con alguien más pobre. ¿Estás de acuerdo? Imagina que tienes que pasar un tiempo con una familia humilde, ¿cómo crees que reaccionarías? ¿Qué aspecto de la pobreza crees que te resultaría más duro?

2 Lee el texto *Dos amigos* y a continuación escribe un resumen utilizando los siguientes verbos en pretérito indefinido.

> Hacerse amigos, invitar, comprar, comer, fascinar, visitar, probar, encantar, hacer sacrificios, recordar.

Puedes empezar así:

> Hace algunos años, un niño rico que pasaba el verano en un pueblo y un niño pobre se hicieron amigos…

3 Practica el uso de los pronombres relativos rellenando los espacios vacíos de las frases siguientes con uno que sea apropiado.

- **a** Los niños, ... jugaban en la plaza del pueblo todos los días, no eran conscientes de sus diferencias.
- **b** El niño pobre .... padres apenas tenían el dinero suficiente para comer.
- **c** La casa en .... vivía el niño pobre era muy humilde.
- **d** La comida .... probó el niño rico le fascinó.
- **e** Los padres del niño pobre, ... habían hecho grandes sacrificios para que su hijo fuera a comer al hotel.
- **f** Los padres del niño rico, ... nunca habían experimentado la pobreza, no sabían el problema que su hijo presentaba a la otra familia.
- **g** El niño rico nunca se olvidó de la cabra .... no cesaba de balar.
- **h** .... invitaron a comer en el hotel al niño pobre, son amigos míos.

4 Escribe cinco palabras o frases que para ti estén relacionadas con las de la lista. Consulta el diccionario si lo necesitas.

Ej: Lujo: coche deportivo, langosta, ropa de diseño, piscina privada, mayordomo...
jugar:.................... :.................. :.................. :.................. :..................
padres:.................. :.................. :.................. :.................. :..................
limosna:................ :.................. :.................. :.................. :..................
olvidar:................. :.................. :.................. :.................. :..................

faisán:.................... :.................... :.................... :.................... :....................
felicidad:............... :.................... :.................... :.................... :....................
probar:.................. :.................... :.................... :.................... :....................
amigo:.................... :.................... :.................... :.................... :....................
esfuerzo:............... :.................... :.................... :.................... :....................
salvaje:.................. :.................... :.................... :.................... :....................
serrín:.................... :.................... :.................... :.................... :....................
memoria:.............. :.................... :.................... :.................... :....................
cabra:.................... :.................... :.................... :.................... :....................

Una vez hecha vuestra lista, reuníos con cinco compañeros y construid una lista común, seleccionando las cinco palabras que os parezcan más apropiadas. Para terminar, comparad la lista de los distintos grupos y construid una para toda la clase.

5 ¿Son importantes hoy en día las diferencias sociales? ¿Pensáis que cualquiera puede acceder hoy a puestos de gran responsabilidad y a grandes fortunas o por el contrario pensáis que las divisiones son hoy más extremas que en el pasado? Comenzad un debate en la clase siguiendo el siguiente orden:

- La división social de hoy. Su importancia y características.
- La movilidad social. ¿Es posible? Formas de conseguirla.
- ¿Es una meta para ti el subir en la escala social o un sueño, o te da igual?

6 Imagina que te han tocado 20 millones de libras en la lotería. Escribe una relación de tus prioridades a la hora de distribuir tu dinero. No olvides que vas a necesitar usar el condicional ya que vas a hablar de algo que depende de una condición.

N *Celebración de la Fantasía*

1 Antes de leer el texto piensa en la situación de algunos niños en las partes pobres de Latinoamérica. Imagina de qué forma se verán obligados a utilizar todos sus recursos para sobrevivir y cómo imaginarán la vida de aquellos más ricos que acuden a visitar su tierra como turistas.

2 Lee el relato *Celebración de la Fantasía* y contesta las siguientes preguntas.

a ¿De quién se acababa de separar el autor y qué hacía cuando llegó el primer niño?
b ¿Por qué ofreció el autor hacer un dibujo a este niño?
c ¿Qué te dice la descripción que hace el autor de la situación de los niños?
d Explica lo que quiere decir la palabra *desamparadito.*
e De los adjetivos a continuación elige cinco que tú creas describen mejor al último niño.

Bajito	tonto	callado	injusto	mentiroso	ignorante
imaginativo	sucio	arrogante	orgulloso		
despistado	aprovechado	galante			

3 Practica las conjunciones *pero, sino, también* y *tampoco* rellenando los espacios vacíos de las siguientes frases con la que creas correcta.

a El autor no puede darle al niño la lapicera .... ofrece pintarle un cerdito en la mano.
b Los niños no rechazan la oferta .... que sacuden en masa a por los dibujos.
c Los relojes suizos son de buena calidad .... son muy caros.
d Los relojes japoneses no son caros .... baratos .... son de buena calidad.
e Los relojes digitales .... son caros .... no son muy bonitos.
f El niño del relato tiene un reloj, ... es un reloj de fantasía.

4 En el relato hay dos construcciones con el imperfecto de subjuntivo. Fíjate en las características de estas construcciones gramaticales y a continuación decide **si** las frases siguientes <u>*necesitan subjuntivo*</u> o **no**.

a El autor pensó .... (alejarse) del grupo de turistas.
b Un niño se le acercó a pedirle que le .... (regalar) algo
c El autor no se sorprendió de que el niño se le .... (acercar)
d Todos los niños querían que Eduardo Galeano les ....(pintar) un animal en las manos.
e El escritor tuvo que .... (preguntar) a los niños qué animal querían en las manos.
f El último niño no quería que el escritor le .... (pintar) nada
g El niño no se extrañó de que el autor le .... (preguntar) si su reloj andaba bien.

5 Empareja las palabras o expresiones de la lista *A* con otras equivalentes en la lista *B*.

Lista A		*Lista B*	
a	del lugar	1	utilizando
b	enclenque	2	animalitos
c	haraposo	3	pájaro de los Andes
d	regalara	4	pintarle
e	usando	5	débil
f	anotaciones	6	pariente
g	dibujarle	7	va
h	súbitamente	8	mal vestido
i	de buenas a primeras	9	local
j	enjambre	10	de pronto
k	a grito pelado	11	notas
l	bichos	12	diera
m	cóndor	13	medía
n	serpiente	14	en voz alta
o	dragón	15	montón
p	alzaba	16	reptil
q	tío	17	aceptó
r	anda	18	animal fantástico
s	reconoció	19	en un momento

6 Dividid la clase en grupos de tres alumnos y pensad cada uno de los grupos en actividades que podrían llevarse a cabo para ayudar a los niños pobres del Perú. Una vez hayáis decidido una idea que consideréis la mejor, intercambiadla con los otros grupos y construid una lista general de toda la clase con todas ellas. Para ayudaros aquí tenéis algunas sugerencias:

- Hermanamiento de vuestro colegio con otro de Ollantaytambo.
- Haced una colecta en el colegio de material escolar para enviar a estos niños.
- Pedid a uno de vuestros profesores que dé una charla sobre la historia y realidad del Perú.
- Dedicad una semana del calendario escolar a realizar actividades de concienciación sobre Latinoamérica, pósters, charlas, música, actividades para sacar fondos etc.

7 Busca información sobre Cuzco y Macchu Pichu en la internet o en la biblioteca de tu colegio y escribe un ensayo de 200 palabras bajo el título: *Los Incas, su hermoso pasado y la realidad del Perú actual.*

> Recuerda que para escribir un buen ensayo debes estructurar tu información en una introducción, una parte central con la información general y una conclusión.

O *El Lazarillo de Tormes*

1 El texto que vais a leer a continuación relata la experiencia de Lazarillo que según él terminó con su inocencia y le introdujo en el mundo de los adultos. ¿Puedes imaginar ese momento? ¿Que sentimientos te produce el pensamiento de dejar atrás el mundo de la infancia? Piensa en esos temas y coméntalos con un compañero.

2 Lee el texto con atención y escribe un resumen en castellano actual siguiendo el siguiente esquema:

a Llegada del ciego al mesón y conversación con la madre de Lazarillo.
b Razón por la que el ciego quiso salir de Salamanca.
c Despedida entre Lazarillo y su madre.
d Lo que pasó en el puente y la lección del ciego.
e Conclusión de Lazarillo.

3 Coloca los infinitivos de las frases a continuación en el imperativo positivo y negativo para Vd y para Tú siguiendo el ejemplo.

Ej: Darme a su hijo *Vd*: deme a su hijo/ No me dé a su hijo
Tú: Dame a tu hijo/ No me des a tu hijo

			positivo / *negativo*
a	Encomendárselo	*Vd*	.... / ....
		Tú	.... / ....
b	Mirar por él	*Vd*	.... / ....
		Tú	.... / ....
c	Servir y ayudar al nuevo amo	*Vd*	.... / ....
		Tú	.... / ....
d	Irse de allí	*Vd*	.... / ....
		Tú	.... / ....

e	Darle la bendición	*Vd*	.... / ....
		Tú	.... / ....
f	Tratar de ser bueno	*Vd*	.... / ....
		Tú	.... / ....
g	Valerse de sí mismo	*Vd*	.... / ....
		Tú	.... / ....
h	Acercarse al animal	*Vd*	.... / ....
		Tú	.... / ....
i	Oír el ruido	*Vd*	.... / ....
		Tú	.... / ....
j	Avivar el ojo	*Vd*	.... / ....
		Tú	.... / ....

4 Las palabras a continuación pueden relacionarse con uno o varios de los tres personajes del texto. Construye tres listas con ellas colocándolas debajo de cada personaje.

Bastón blanco, viuda, religión, broma pesada, inocencia, huérfano, maestro, mesón, servir, adopción, triste, desconsideración, pobreza, viajar, diversión, dolorido, cambio de actitud, experiencia, resignación, triste destino.

La madre	*El ciego*	*Lazarillo*
viuda	bastón blanco	inocencia
----------------------------------	----------------------------------	---------------------------
----------------------------------	----------------------------------	---------------------------
----------------------------------	----------------------------------	---------------------------
----------------------------------	----------------------------------	---------------------------
----------------------------------	----------------------------------	---------------------------
----------------------------------	----------------------------------	---------------------------
----------------------------------	----------------------------------	---------------------------

5 Las bromas pesadas tienen por lo general efectos negativos en aquellos que las sufren. ¿Estás de acuerdo con esta afirmación? Para Lazarillo la broma del ciego no parece que los tuvo ya que él aprendió la necesidad de desconfiar y esto le trajo buenas consecuencias para sobrevivir, según cuenta la historia.

- Discutid en pequeños grupos este tema y resumid vuestras ideas en una conclusión.
- Leed las diferentes conclusiones y ved si es posible llegar a un acuerdo entre todos.

6 Seguramente hubo un momento en tu vida en el que dejaste de creer en el mundo de la infancia, por ejemplo cuando supiste que los regalos de Papá Noel eran realmente de tus padres, o cuando cambiaste de clase y pasaste a estudiar temas más serios y los profesores empezaron a pedirte otro tipo de trabajo.

- ¿Cómo recuerdas estos momentos?
- ¿Crees que tu experiencia te llevará a hacer algo diferente cuando tú tengas tus propios hijos?

Escribe un ensayo de 175 palabras respondiendo a las preguntas.

A ¡No desesperes! Decálogo de cocina para estudiantes

1 El artículo *¡No desesperes! Catálogo de la cocina para estudiantes*, utiliza los verbos en modo imperativo. Estas formas verbales son muy usadas en español a la hora de dar órdenes y consejos. Repasa la formación de los verbos antes de comenzar las tareas y piensa en qué ocasiones vas a necesitarlos. Recuerda que los imperativos cambian ya que se trate de mandatos a personas con las que tienes poca confianza o a amigos o familiares.

2 Lee con atención el texto y decide qué consejo es el que tú consideras más útil y cuál el menos útil. Escribe un pequeño párrafo justificando tu elección.

El consejo más útil: ☐ Porque--

El consejo menos útil: ☐ Porque--
----

3 En la lista que sigue hay varias frases con imperativos que pueden ser sustituidas por frases del texto. Decide cuáles son, colocando el número correspondiente.

Ej:	No olvides que tienes el congelador lleno de comida.	frase **6**
a	No cocines siempre los mismos platos.	☐
b	Procura dejar la cocina limpia por la noche.	☐
c	No presumas de buena cocinera.	☐
d	No permitas que las prisas estropeen tu obra maestra.	☐
e	Deja tus problemas en la puerta de la cocina.	☐
f	No menosprecies el arte de guisar.	☐
g	Busca en un buen libro si no sientes la inspiración.	☐
h	Ve a cenar a "Casa Paco" si se te ha quemado la cena.	☐

4 Practica el uso de los imperativos convirtiendo los de la lista en negativos:

	positivo	*negativo*		*positivo*	*negativo*
Ej:	busca	no busques	**f**	escríbelos	----------------
a	demostrad	----------------	**g**	esforzáos	----------------
b	sé	----------------	**h**	olvídalo	----------------
c	sal	----------------	**i**	déjate	----------------
d	échale	----------------	**j**	aconsejadle	----------------
e	utilizad	----------------			

5 Los siguientes imperativos son los que se utilizan para dirigirse a un amigo. Cámbialos por el adecuado para dirigirse a una persona mayor.

	informal	*formal*		*informal*	*formal*
Ej:	pasa	pase	**e**	permíteme	----------------
a	sube	----------------	**f**	póntelo	----------------
b	ve	----------------	**g**	díselo	----------------
c	no esperes	----------------	**h**	guárdatelo	----------------
d	toma	----------------	**i**	dirígete	----------------

6 A continuación tienes una serie de situaciones en las que vas a necesitar usar el imperativo. Trabajando en pequeños grupos dad cinco ejemplos de los imperativos que necesitaréis en cada una de ellas.

Ej: Has sacado a pasear por el parque a tu perra Freya:
- Freya, ¡ven aquí!
- ¡Siéntate!
- ¡No corras!
- ¡Cógelo!
- ¡No ladres!

a Hoy estáis ciudando de un niño de cuatro años que es muy travieso

----

----

b Un turista os pregunta cómo ir a la Plaza de la Independencia:

----

c Explicad a un estudiante extranjero cómo se prepara un desayuno inglés:

----

7 Escribe un párrafo de 100 palabras aconsejando a un principiante de español lo que debe o no debe hacer para aprender pronto y bien.

B *¿Aprobarás en junio?*

1 Empieza a pensar sobre el tema de los exámenes. Para hacerlo vas a necesitar un vocabulario especial y conocimiento básico del sistema de exámenes en España. Lee el texto y las notas cuidadosamente y pregunta a tu profesor/a si no entiendes alguna cosa.

2 Busca en el texto palabras o expresiones que sean equivalentes a las siguientes:

		equivalente
Ej:	en el azar:	en la suerte
a	eliminar	------------------------------
b	necesitas a menudo	------------------------------
c	excelente	------------------------------
d	no estás seguro/a	------------------------------
e	estudio mucho	------------------------------
f	anteriores	------------------------------
g	notas	------------------------------
h	beneficio	------------------------------
i	estás seguro/a	------------------------------
j	faltan algunos	------------------------------
k	no es bastante	------------------------------
l	ni bien ni mal	------------------------------

3 Haz el test y suma los puntos obtenidos. Lee el comentario que corresponde a tu puntuación y decide si estás o no estás de acuerdo con él. Escribe tu opinión en un pequeño párrafo de 100 palabras.

4 Contesta las siguientes preguntas de forma afirmativa, negativa y de compromiso utilizando algunas de las fórmulas que se te dan a continuación. No todas las fórmulas se pueden usar cada vez.

Ej: ¿Te va bien en los exámenes?
afirmativa: por supuesto
negativa: ¡qué va!
de compromiso: casi nunca

a ¿Estudias mucho antes de un examen?
afirmativa --
negativa --
de compromiso --

b ¿Sacas buenas notas en español?
afirmativa --
negativa --
de compromiso --

c ¿Haces exámenes parciales?
afirmativa --
negativa --
de compromiso --

d ¿Sueles mirar los exámenes de años anteriores?
afirmativa --
negativa --
de compromiso --

e ¿Crees que te beneficiaría mejorar tu técnica de examen?
afirmativa --
negativa --
de compromiso --

f ¿Tienes siempre libres los veranos?
afirmativa --
negativa --
de compromiso --

g ¿Te regalan algo tus padres si apruebas el curso con buenas notas?
afirmativa --
negativa --
de compromiso --

h ¿Vas a clase con regularidad?
afirmativa --
negativa --
de compromiso --

afirmativas: sí; siempre; todos los días; muchísimo; por supuesto; de sobra; de maravilla; sin falta
negativas: no; nunca; ¡qué va!; ¡ni pensarlo!; en absoluto; ninguno/a/os/as; ni siquiera...; ni de broma; no hace falta.
de compromiso: quizás; a veces; puede ser; pocas veces; casi nunca/siempre; raras veces; más o menos; por las tardes; algunas veces.

5 Trabajad en grupos pequeños y comprobad cuáles han sido las respuestas más populares para el test. Una vez terminada esta tarea comprobad el resultado con los otros grupos para ver si han sido las mismas en todos los casos. Llevad a cabo un debate en la clase explicando las razones que puedan justificar el resultado.

6 Es posible que al hacer el test hayas descubierto puntos débiles en tu técnica que podrías mejorar. Escribe un plan de 150 palabras explicando cómo vas a intentar mejorar tu preparación de cara a los próximos exámenes.

C *¿Estás en paro?... ¡muévete!*

1 El artículo habla de la situación laboral de los jóvenes españoles, especialmente de las chicas. Lee el artículo con atención y piensa cuántas de las características en España son también aplicables a tu país. Es importante que a lo largo de tu trabajo sobre el tema, sepas marcar las diferencias entre una y otra situación.

2 Lee el artículo *Estás en paro, ¡muévete!* y contesta las siguientes preguntas usando un máximo de 50 palabras para cada pregunta:

a ¿De qué forma influye el paro femenino español en el índice global?

----

b ¿ Por qué dice el artículo que buscar trabajo es un *trabajo* en sí?

----

c Según el artículo, ¿qué importancia tienen tus gustos personales a la hora de decidirte por una carrera determinada?

----

d El artículo indica que además de tener buen inglés y conocimientos de informática el candidato a un empleo debe hacer algo más. Explica brevemente qué otro paso hay que dar.

----

e El estado de ánimo de la persona que busca empleo es un factor muy importante según el artículo. ¿Podrías explicar por qué?

----

f ¿Qué necesitaría, según el artículo, un joven que ha terminado sus estudios universitarios de matemáticas con buen conocimiento de ordenadores pero que no ha trabajado nunca y no sabe idiomas a la hora de buscar empleo?

----

g Basándote en la información que da el artículo, ¿cuál será la preparación que necesitaría un joven británico que quisiera trabajar en Barcelona?

----

3 Practica el uso de los conectores rellenando los huecos del texto siguiente con las conjunciones y preposiciones del recuadro.

> El encontrar trabajo es difícil .... no imposible. .... enfrentarse a la tarea hace falta una buena preparación .... una gran dosis .... optimismo. .... hay un área en la que tu preparación sea débil, ... te cueste trabajo, dedícate .... mejorarla inmediatamente. No pienses que todo lo que se necesita hoy en día es el inglés, hay un buen número de ingleses .... paro .... pensar así. .... es buena idea el pensar que un conocimiento básico de ordenadores es bastante. Los ordenadores cambian .... cesar y hay que estar al corriente.

4 Reúnete con un pequeño grupo y pensad en un trabajo que os gustaría tener en el futuro. Una vez os hayáis puesto de acuerdo, pensad en el tipo de cualidades tanto físicas como intelectuales que os harán falta para acceder a él. Por último haced un plan de ataque en el que especifiquéis cómo llevaréis a cabo la preparación. Vuestro/a profesor/a seleccionará uno de los grupos para que haga una presentación a la clase de su plan.

5 Ahora escribe, basándote en la información que contiene el artículo, un pequeño ensayo de unas 200 palabras comparando la situación del paro juvenil en España y en tu país. Al hacerlo vas a necesitar:

- Explicar en la introducción que vas a hacer una comparación entre España y tu país.
- Establecer las similaridades. Tendrás que usar frases como:
  Tanto en un país como en el otro...
  En los dos países...
  En ambos casos...
- Establecer las diferencias usando expresiones como:
  Por un lado en... pero por otro en ...
  Mientras que en ..., en ...
  Los españoles... pero los británicos...
- Termina con una conclusión que recoja los puntos más importantes de la comparación.

D *La Emancipación (1) En España*

1 El artículo *¿Emanciparme yo?* demuestra que la democracia no ha llevado la independencia a los jóvenes españoles. Lee el artículo con atención y comentando el tema con un compañero, trata de establecer algunas diferencias entre la vida de un joven español y la de uno de tu país.

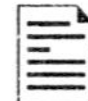

2 Según José Ma. Riera, son tres las razones para que los jóvenes españoles sean los que más tarde se emancipan en la Unión Europea:

1 La falta de trabajo estable
2 La mejoría en las relaciones familiares
3 La subida del precio de la vivienda

Lee el artículo detenidamente y anota tres puntos que expliquen cada una de estas razones:

Falta de trabajo estable: En España el índice de paro juvenil alcanza el 40%.

1 --
2 --
3 --

Mejoría en las relaciones familiares: Ahora los padres no son muy estrictos a la hora de establecer los horarios de los jóvenes.

1 --
2 --
3 --

La subida del precio de la vivienda: En España sólo son el 24% de los jóvenes los que están dispuestos a vivir en una casa de alquiler.

1 --
2 --
3 --

3 Lee los resúmenes a continuación y rellena los huecos con las palabras de la lista que consideres adecuadas.

Víctor no se marchó de casa antes por miedo al .... A él le gusta hacer las cosas .... y además, viviendo .... su familia, con la que se lleva de maravilla, ha podido dedicarse de .... a su carrera y a .... No tiene la menor .... de que hasta ahora no ha estado .... para la independencia.
Chus no se irá .... hogar familiar hasta que .... la posibilidad de hacerlo con comodidad. Para ella, el alquiler .... es una mala inversión.
Para Laura, independizarse fue .... difícil. Aunque pagaba poco ...., el dinero era escaso y tuvo que hacer .... trabajos además de estudiar. Ella mantiene una posición bastante dura .... los jóvenes. Cree que son demasiado cómodos y que .... razones para no emanciparse no están justificadas.

tenga pleno mensual bastante sus lentamente del fracaso varios listo alquiler duda con divertirse tenga

4 Un tema como la emancipación juvenil va a necesitar el uso del subjuntivo ya que trata de temas como el miedo, la esperanza, los deseos y las condiciones. Además en el tema confluyen los intereses de varias personas e instituciones. Practica el uso del subjuntivo terminando las frases a continuación según el artículo.

a El desempleo, la buena convivencia familiar y el alto precio de las viviendas hacen que los jóvenes españoles se .... más tarde que en los demás países europeos.

b Los jóvenes no se deciden a instalarse en su propio hogar aunque .... el dinero suficiente para hacerlo.

c No se conseguirá que los jóvenes se emancipen pronto hasta que .... el círculo vicioso en el que están.

d Según Lluis Flaquer, los jóvenes podrían independizarse si .... un subsidio de paro.

e De acuerdo con los psicólogos, el retraso en la madurez de los jóvenes es la consecuencia de que .... con los padres.

f Aunque la relación con sus padres .... buena, Víctor ha decidido ahora marcharse a vivir solo.

g Laura no piensa que las razones de los jóvenes .... lo suficientemente fuertes.

h María José cree que la independencia hizo que su hija ....

5 Dividid la clase en dos grupos para discutir el tema de la emancipación de la juventud en España. Un grupo estará a favor y el otro en contra. Durante la preparación, ambos grupos debéis establecer las ventajas/ desventajas a corto, medio y largo plazo. Antes de comenzar la discusión los dos grupos presentarán un pequeño resumen de su posición para luego proseguir al debate. Recordad que en una discusión es tan importante escuchar como hablar. Tomad notas de los argumentos del grupo contrario e intentad contestarlos adecuadamente.

6 Escribe un breve resumen en estilo periodístico sobre la discusión que habéis tenido en clase. Recuerda que este estilo debe contener información que responda a las preguntas:

- **¿qué?** Una discusión sobre las ventajas y desventajas de la independencia para los jóvenes españoles
- **¿cuándo?** Fecha del debate y año escolar que lo ha llevado a cabo
- **¿cómo?** Mecánica de la discusión
- **¿dónde?** Lugar en el que ha tenido lugar la discusión y lugar de origen del tema discutido.

Terminad con una conclusión del debate. Escribid aproximadamente 150 palabras.

E *La Emancipación (2) En Gran Brétaña, Escandinavia y EEUU*

1 En el artículo siguiente podemos ver que los problemas y las soluciones a la emancipación juvenil cambian según el país. Leed el texto y sacad notas de las características de cada uno de los tres países a los que se refiere el artículo.

2 Lee el artículo con atención y decide a cuál de los tres países citados se refiere cada una de las frases siguientes:

		GB	Esc	EEUU
a	Las medidas llevadas a cabo por el gobierno durante los años 80 han hecho que los jóvenes permanezcan más tiempo en la secundaria.	☐	☐	☐
b	El que los jóvenes de más de 18 años vivan con sus padres se considera un mal síntoma.	☐	☐	☐

		GB	Esc	EEUU
c	Las chicas se independizan antes que los chicos.	☐	☐	☐
d	Tienen el índice de paro más bajo.	☐	☐	☐
e	Los estudiantes tienen que trabajar para sobrevivir.	☐	☐	☐
f	Aún estando en su casa, los jóvenes maduran muy pronto.	☐	☐	☐
g	El Estado ayuda a los más jóvenes pagándoles el alquiler y un subsidio de paro.	☐	☐	☐
h	El sistema educativo es, en su mayoría, gratis.	☐	☐	☐
i	La universidad es demasiado cara para que los estudiantes puedan pagarla sin la ayuda de la familia.	☐	☐	☐
j	Los jóvenes se casan más pronto que en otros países.	☐	☐	☐

3 Rellenad una ficha para cada uno de los tres países mencionados dando la información requerida según el artículo.

		GB Esc EEUU
Edad media de emancipación:		
	chicas	--------------------------------
	chicos	--------------------------------
Paro juvenil:		
	alto	--------------------------------
	medio	--------------------------------
	bajo	--------------------------------
Ayuda del Estado:		
	alquiler	--------------------------------
	subsidio de paro	--------------------------------
	becas	--------------------------------
Dependencia familiar:		
	alta	--------------------------------
	media	--------------------------------
	baja	--------------------------------
Educación Universitaria:		
	gratuita	--------------------------------
	restringida	--------------------------------
	exclusivista	--------------------------------

4 En los tres países presentados en el artículo existen ventajas y desventajas para los jóvenes. Dividid la clase en grupos en los que elegiréis el país que consideréis mejor preparado para solucionar los problemas de la juventud. Una vez discutido el tema haced un breve resumen de las razones de vuestra elección y presentadlo a la clase.

5 Rellena los huecos del siguiente cuadro con la tercera persona del singular del tiempo verbal correspondiente.

Presente Indicativo	*Pretérito Indefinido*	*Pretérito Imperfecto Subjuntivo*
Ej: se emancipa	se emancipó	se emancipara/ase
		cursara/cursase
se comporta		
contribuye		
		recurriera/recurriese
	alcanzó	
se halla		
	mostró	
		prefiriera/prefiriese
se queda		

6 Mucha gente piensa que es muy importante invertir en la educación de la juventud ya que ésta representa el futuro. Escribe un texto de unas 175 palabras explicando cuál, a tu parecer, es el principal problema de la juventud de hoy, y qué pasos deberían darse para solucionarlo.

F *Ecologistas ...*

1 ¿Estás a favor del reciclaje? Probablemente sí ya que éste es un tema muy popular entre la juventud. Para tratar los temas relacionados con el medio ambiente vas a necesitar un vocabulario especial, entre otras palabras, los verbos que llevan el prefijo *re* como reciclar, reducir, reutilizar que aparecen en el título del artículo. Prepárate para el trabajo tomando nota del vocabulario para el reciclaje: *materiales, problemas, soluciones* etc.

2 Decide si las frases a continuación son verdaderas o falsas.

		V	F
a	La ley entra en vigor gracias a las presiones de los fabricantes.	☐	☐
b	La ley se aplicará el próximo verano.	☐	☐
c	Los fabricantes tendrán que pagar la recogida y destrucción de su propia basura.	☐	☐
d	Cada año hay más basura en Madrid.	☐	☐
e	La solución sería intentar reducir la producción MISSING	☐	☐
f	La *Ley de las 3R* no afecta el consumo de materias primas.	☐	☐
g	Cuánto más se consume, más energía se necesita para la producción de envasado.	☐	☐
h	Se debe evitar la transformación de envases porque es una amenaza al *buen gusto.*	☐	☐
i	Las dos "estrellas" del reciclaje son el papel y el vidrio.	☐	☐
j	María Dolores, Susana y Diana son entusiastas del reciclaje.	☐	☐

3 Traduce al inglés el texto siguiente:

Los dos "grandes" del reciclado son el papel y el vidrio. Los periódicos y revistas, la correspondencia comercial, las cajas de productos alimenticios y todo lo que sea de papel o cartón puede reciclarse. Y lo mismo pasa con el vidrio: botellas, tarros de mermelada.
Para ello hay que acostumbrarse a separarlos del resto de la basura y depositarlos en los contenedores especiales que ya hay en prácticamente todas las ciudades españolas. Y si en tu localidad no hay donde hacerlo, reclama a tu ayuntamiento que los coloquen.

4 Termina el siguiente texto, teniendo en cuenta las reglas de la concordancia:

Las tres jóve.... entrevistad.... est.... de acuerdo con .... reciclaje pero tien.... dudas de que pued.... implantarse de inmediato.

María Dolores piens.... que .... gente tien.... hábitos muy arraigad.... y que es difícil hacer que est.... hábitos cambi.... .

Susana no tien.... fe en .... gente mayor, pero est.... segur.... de que .... juventud estar.... encantad.... de reciclar.

Para Diana, ... vez aparezca .... ley, recicl.... no presenta.... ningú.... problema aunque reconoc.... que ahora no lo hac.... .

5 Llevad a cabo una pequeña encuesta en la clase y en vuestras familias para descubrir si la edad es un factor determinante a la hora de reciclar.
La encuesta debe ser sencilla:

Nombre	*Recicla / No recicla*	*Sí*	*No*
	papel		
Edad	vidrio		
	aluminio		
Estado civil	tela		
	plástico		
Profesión	restos de verdura y fruta		

Una vez terminada la encuesta recoged los resultados de la clase con respecto a la edad y a los materiales que son más populares a la hora de reciclar.

6 Escribe un informe de unas 150 palabras con la información recogida en la encuesta. Recuerda empezar con una pequeña introducción seguida de las cifras obtenidas y una conclusión que explique el significado de las cifras.

G *Antonio Carmona: cantante de Ketama*

1 El texto *Antonio Carmona, cantante de Ketama* es una descripción de la infancia del popular músico español. Empieza tu trabajo recordando tu mundo infantil, tu familia, tus vacaciones, y tus actividades favoritas. Ten en cuenta que vas a necesitar los tiempos pasados para hablar de todo ello.

2 Busca en el texto palabras o expresiones equivalentes a las siguientes en inglés.

a godfather ....
b fig tree ....
c to compromise ....
d from where or when ....
e aroma ....
f concerts ....
g that is all we did ....
h to climb ....
i to dive/diving ....

3 Rellena los espacios vacíos del texto a continuación con los tiempos verbales adecuados de los infinitivos entre paréntesis.

Los meses de mayo a septiembre los .... (nosotros pasar) en Málaga porque mi padre .... (tener) que tomar parte en los festivales con Fosforito, su guitarrista. Allí, todo lo que .... (hacer) .... (ser) pasarlo bien. Mis padres .... (alquilar) una casa grande para que .... (caber) toda la familia, tíos y demás parientes incluidos. Yo, que entonces .... (tener) unos tres o cuatro años, ... (disfrutar) subiéndome a los árboles y observando a mis padres que .... (estar) muy enamorados.
Ahora me .... (seguir) gustando la playa, sobre todo la de Ibiza, pero no .... (poder) pasar en el agua el tiempo que .... (querer) porque .... (tener) que actuar como antes lo ....(hacer) mi padre.

4 Comenta con tus compañeros de mesa los aspectos del texto que sean representativos de la cultura española y que no podrían encontrarse en tu país. Intentad construir entre vosotros cuál sería la alternativa inglesa a la descripción de Antonio Carmona.

5 Escribe unas 150 palabras describiendo tu infancia. ¿Vives ahora en un lugar diferente? ¿Has regresado después de pasados unos años? Describe tus impresiónes al volver al medio de tu niñez. Como alternativa puedes describir unas vacaciones que recuerdes como especiales o un lugar que visitaras entonces y que todavía recuerdes.

H *Madre, sólo hay una... por suerte*

1 Ponte en marcha para hablar de las relaciones familiares. Tanto en España como en otros países los jóvenes tienen una relación un tanto difícil con los padres. Piensa en los posibles problemas y soluciones que se podrían encontrar y aplicar a estos conflictos.

2 Lee el texto y a continuación contesta las siguientes preguntas:

a ¿Cuáles son las quejas generales de las hijas con respecto a sus madres?

----

b ¿Cómo afectan las relaciones a nuestro estado de ánimo?

----

c De las tres razones que se dan en el texto para que la relación madre-hija sea difícil, elige la que tú consideres más importante y justifica tu elección.

----

d De las soluciones que ofrece el artículo elige dos que tú consideres las más eficaces y explica tu elección.

----

e ¿Por qué dice el artículo que las chicas se llevan mejor con sus padres que con sus madres?

----

f ¿De qué manera influyen los medios de comunicación en la imagen que tenemos de las madres?

----

3 A continuación tienes tres tipos de oraciones subordinadas con subjuntivo. Cambia las oraciones de *a* a *g* siguiendo los tres modelos de los ejemplos. Cuidado, no todas las frases pueden transformarse en los tres tipos.

Ej:
- Cuando *tenga* una hija no la *trataré* siempre como un bebé.
- Si *tuviera* una hija no la *trataría* siempre como un bebé.
- Si *hubiera tenido* una hija no la *hubiera tratado* siempre como un bebé.

a Si tuviera una madre odiosa me iría de casa cuanto antes.

----

b Si tuviera una madre más comprensiva sería más feliz.

----

c Si pudiera elegir a mi madre elegiría otra vez a la que tengo.

----

d Cuando vea a mi familia les contaré lo que ha pasado.

----

e Cuando lleguen mis padres iremos de compras.

----

f Si viviera con mi familia tendría menos gastos.

----

g Cuando cobre el primer sueldo llevaré a mi familia a cenar fuera.

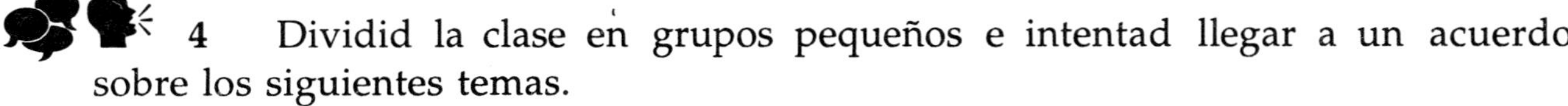

4 Dividid la clase en grupos pequeños e intentad llegar a un acuerdo sobre los siguientes temas.

- ¿Es en general buena la relación con las madres?
- ¿Qué aspectos de la relación podrían mejorar?
- ¿Seguiríais el modelo de vuestra madre si tuviérais una hija?
- ¿Es mejor la relación que tenéis con el padre?
- ¿Por qué?

Una vez terminada la tarea escribid los resultados y comentadlos con el resto de la clase.

5 En el artículo se dice que los medios de comunicación presentan una imagen de la maternidad muy anticuada y negativa. Escribe un pequeño ensayo de 150 palabras apoyando o en contra de esta idea.

I *Gamberros*

1 El artículo trata de los problemas causados por el terrorismo vasco. Antes de empezar a trabajar infórmate sobre este importante tema leyendo otros artículos o preguntando a tu profesor/a. Trata de aprender un poco de la historia del País Vasco y de distinguir entre nacionalismo y terrorismo, autonomía e independencia.

2 Lee el texto con atención y contesta las siguientes preguntas:

a ¿Qué hecho ha provocado la airada reacción de la periodista Rosa Montero?

b ¿Qué hacen los jóvenes de la sociedad posindustrial en otros países?

c ¿Cuál es la reacción de los ciudadanos vascos a los terroristas?

d ¿Qué alternativa al terrorismo ha florecido entre la juventud vasca?

e ¿Cómo proponen luchar contra el terrorismo los jóvenes de *Gesto por la Paz*?

3 Decide las equivalencias entre las palabras de la lista A y las de la lista B.

	Lista A		*Lista B*
a	valor	1	gang
b	bufanda	2	football fan
c	matón	3	courage
d	hincha	4	to reject
e	alfiler	5	rubbish
f	cordura	6	good sense
g	sobaco	7	shine
h	desdeñar	8	scarf
i	panoli	9	to be able to
j	gamberro	10	pin
k	morralla	11	bully
l	lustre	12	ignorant
m	pandilla	13	increase
n	incremento	14	armpit
o	compadecer	15	to show compassion
p	ser capaz de	16	hooligan

a	b	c	d	e	f	g	h	i	j	k	l	m	n	o	p
☐	☐	☐	☐	☐	☐	☐	☐	☐	☐	☐	☐	☐	☐	☐	☐

4 Un grupo de tres estudiantes va a preparar una presentación a la clase sobre el grupo terrorista ETA. La presentación incluirá su historia, sus características y su situación actual con respecto al gobierno de Madrid. Al final de la presentación el resto de la clase deberá hacer preguntas.

5 En el Estado español, Cataluña y el País Vasco son las dos zonas con más arraigado nacionalismo. Infórmate consultando la biblioteca de tu colegio y/o navegando por la internet sobre las diferencias entre las dos y escribe un ensayo de 250 palabras explicándolas.

J *Consultorio*

1 Al leer el texto fíjate en las construcciones gramaticales que se necesitan a la hora de pedir y dar consejo. En los dos ejemplos presentados en el consultorio se utilizan mucho los verbos reflexivos, todos los casos de uso del subjuntivo, verbos impersonales etc.

2 Lee el artículo y rellena los huecos del texto a continuación con las palabras del recuadro.

Nuria está .... porque la relación con la .... de su novio no es buena. Para empezar, a ella no le .... su futura cuñada porque trata de .... siempre la atención de la gente. El caso es que .... novio de Nuria defiende a su hermana y reprocha a su .... su actitud. Como la pareja .... con la cuñada después de casados, Nuria quiere .... si puede hacer algo para mejorar la ....

Consuelo ha recibido una .... notarial en la que .... le dice que si no .... la suma correspondiente a la subida de su .... , tendrá que abandonar su vivienda. Como ella .... está de acuerdo con la subida quisiera saber si la .... la apoya a ella o a su ....

alquiler vivirá notificación gusta casero ley llamar se el novia saber hermana abona situación preocupada no

3 Lee las contestaciones a los problemas y decide qué terminaciones corresponden a las frases de *a* a *h*.

a Es importante que la pareja...
b Nuria no debe dejar que su novio...
c La consejera piensa que Nuria...
d Para Nuria lo principal debe ser...
e La competitividad y la autojustificación...
f Para evitar el desahucio...
g Ya sin deudas, Consuelo puede hacer saber al casero...
h Si Consuelo no paga lo que debe...

1 ... que piensa iniciar un procedimiento judicial.
2 ... que la relación con su novio sea buena.
3 ... no viva con la familia del novio.
4 ... no son buen camino para el bienestar.
5 ... no podrá pagarlo una vez el juicio haya empezado.
6 ... vea que no le gusta su hermana.
7 ... sufre de los mismos defectos que su cuñada.
8 ... Consuelo debe pagar todos los retrasos en el alquiler.

a	b	c	d	e	f	g	h
☐	☐	☐	☐	☐	☐	☐	☐

4 Decide si en las frases siguientes hace falta la preposición *por* o *para*.

a Nuria escribe al consultorio .... solucionar un problema.

b Nuria y su novio salen con otras parejas y .... eso su cuñada no sale con ellos.

c .... que la relación con su cuñada mejore, Nuria debe dejar de ser competitiva.

d ¿ .... qué no cree la consejera que sea buena idea vivir con los suegros?

e El casero amenaza con llevar a Consuelo a juicio .... no pagar la subida del alquiler.

f La consejera dice que .... evitar el desahucio, la inquilina debe pagar los atrasos.

g La carta que ha recibido Consuelo ha sido enviada .... el notario.

5 Aquí tienes dos posibles conflictos para los que debes dar consejo. Trabajando con un pequeño grupo de compañeros de clase dad una solución a uno de ellos.

Ejemplo 1

El príncipe Felipe de España es el único de los hijos de D. Juan Carlos y Dña Sofía que no se ha casado todavía. Como él es el heredero se le presiona mucho para que encuentre una novia cuanto antes. El está decidido a no casarse si no encuentra una chica de su gusto pero la maquinaria del Estado le obliga a decidirse pronto por una candidata apropiada. ¿Qué consejo daríais al príncipe?

Ejemplo 2
Durante un periodo de intercambio con un colegio español un joven inglés alquiló un piso por seis meses. Después de los tres primeros meses se ha puesto enfermo un familiar y necesita volver pero su casero dice que como el contrato es para seis meses, tiene que abonarle las tres mensualidades aunque no vaya a estar en el piso. ¿Qué le aconsejarías que hiciera?

6 Hay mucha gente que piensa que los consultorios son una pérdida de tiempo. Escribe un pequeño texto de 200 palabras a favor o en contra de los consultorios.

K *Tengo 13 años*

1 Si tienes un hermano o una hermana más pequeños que tú seguramente habrás observado las diferencias entre su entrada en la adolescencia y la tuya. Empieza por pensar en esas diferencias y en las razones por las que han aparecido en un periodo corto de tiempo.

2 Ordena las siguientes frases según el orden en que aparecen en el texto.

- **a** La venta de CDs en los supermercados favorece especialmente a esta clientela joven.
- **b** Sus padres se sorprenden de lo mucho que saben sobre las nuevas tecnologías.
- **c** Los chicos de trece años tienen características comunes pero una apariencia física muy diversa.
- **d** Sus gustos y estilo de vida encuentran el marco ideal en los recintos de los centros comerciales.
- **e** Es difícil encontrar un término que los describa bien.
- **f** Las periodistas piensan que no presentan grandes diferencias con generaciones anteriores, sólo que son más jóvenes.
- **g** De manera imprevisible, son los chicos de 13 años los que compran y apoyan el rock político como el del grupo Skap.
- **h** Ellos y ellas piensan que les tratan como niños para unas cosas y como adultos para otras.
- **i** Tienen un sueldo bajo pero recogen *extras* por otros conductos.
- **j** Las casas de discos han cambiado el material destinado a estos *niños viejos.*

1	2	3	4	5	6	7	8	9	10
☐	☐	☐	☐	☐	☐	☐	☐	☐	☐

3 Explica brevemente el sentido de las siguientes expresiones. Una vez hecho esto, elige las dos que más te interesen y construye dos frases con ellas.

- fuera del nido

- de la noche a la mañana

- entre carcajadas y lloreras

- como pez en el agua

- políticamente incorrecto

- de última generación

- el gran filón

- a escondidas

- llevar la contraria

- los cuarentones

----

4 *En la sociedad de hoy la diferencia entre ricos y pobres es cada vez mayor y se nota sobre todo en los adolescentes.* ¿Estás de acuerdo con la frase anterior? Organizad una discusión en la clase sobre el tema.

5 Escribe un resumen de 250 palabras del artículo *Tengo 13 años,* que contenga los puntos más importantes desarrollados en él.

L *Erupción racista*

1 La reciente prosperidad española ha atraido a un buen número de norteafricanos en busca de mejores condiciones de vida. Esto ha ocasionado conflictos de índole racista en partes de Cataluña y Andalucía. Aunque el gobierno y la policía tratan de calmar los ánimos, la violencia aparece como un signo inevitable del desarrollo. El artículo que vas a leer habla de diferencias religiosas y culturales entre las dos comunidades y de la intolerancia hacia estas diferencias. Empieza a pensar en estos temas y trata de explicar la razón por la que son los jóvenes los que más se involucran en este tipo de conflictos.

2 Lee el artículo detenidamente y a continuación rellena el esquema con los datos requeridos:

Los habitantes del barrio de Tarrasa:

Proceden originariamente

Su objetivo final

Acusan a los inmigrantes magrebíes de...

Su actitud hacia el gobierno local

Sus acciones en contra de los inmigrantes

Su principal contradicción

Los marroquíes

¿En qué lugares han sido atacados?

Características de los inmigrantes llegados recientemente

Víctimas de la violencia

Sentimientos después de los sucesos recientes según su portavoz

El gobierno local

Actitud frente a los inmigrantes ilegales

Valoración de los hechos violentos acontecidos

3 Rellena los espacios vacíos con el infinitivo o el sustantivo que falta

infinitivo	*sustantivo*
Ej. habitar	habitación
emigrar	
	solución
	desaparición
manifestar	
	asalto
frecuentar	
atacar	
acosar	
	columpio
	explicación
confundir	
aparecer	
	dirección
	producción
juzgar	

4 Vais a dividir la clase en dos grandes grupos. Uno va a representar a los habitantes del barrio de Tarrasa y el otro a los inmigrantes marroquíes. En primer lugar tenéis que preparar vuestro argumento y seguidamente mantened una discusión en la que el/la profesor/a va a actuar de juez. La intención es que lleguéis a un acuerdo para convivir pacíficamente y para ello debéis estar dispuestos a ceder en algunas áreas pero sobre todo a escuchar los puntos del bando contrario.

No olvidéis que los norteafricanos vivieron en España entre el año 711 y el 1492, un total de 781 años.

5 Imagina que eres el portavoz de los habitantes del barrio de Tarrasa. Escribe una carta a tu alcalde explicando las quejas de los vecinos y proponiendo la toma de medidas que podrían contribuir a mejorar la situación.

M *Amistad*

1 El texto que vas a trabajar es un relato íntimo de una experiencia dolorosa. En él vemos cómo un joven trata de asimilar y sacar provecho de una mezcla de sentimientos con la decisión de preservar aquello que considera positivo dentro de la adversidad. Podría decirse que son sus primeros pasos hacia la madurez. Lee el texto e intenta entender su intención antes de empezar el trabajo.

2 Después de leer el texto contesta las siguientes preguntas:

¿Qué ocasión recuerda el narrador en primer lugar?

¿Por qué salió del cementerio apresuradamente y adónde se dirigió?

¿Qué suceso recordó el narrador cuando estaba en el tren?

¿Por qué se sentía culpable el narrador?

¿Qué hecho le ayuda a superar su culpabilidad y su tristeza?

Aunque el relato tiene claros tonos tristes, puede decirse que en general el mensaje es optimista. ¿Puedes explicar por qué?

----

3 Rellena los espacios vacíos del texto que sigue con el imperfecto o el indefinido de los infinitivos entre paréntesis según convenga.

El accidente .... (tener) lugar una noche de verano. Un grupo de amigos .... (estar) reunidos en un bar bebiendo y gastando bromas. Uno de los chicos, Rodrigo, que .... (encontrarse) allí con su novia, ... (pensar) que uno de sus amigos .... (hablar) con ella de una forma que no le .... (gustar) y .... (empezar) una discusión que .... (durar) una media hora. Al terminar la discusión, Rodrigo, que .... (estar) muy acalorado .... (querer) salir del bar precipitadamente y volver a casa andando. Como el pueblo .... (estar) a unos cinco kilómetros, uno de sus amigos le .... (decir) que

.... (poder) coger su moto y le .... (dar) las llaves sin pensar que con el disgusto y las copas que había bebido, Rodrigo no .... (estar) en condiciones de conducir. Tan sólo a un kilómetro y medio del bar la moto .... (derrapar) y Rodrigo .... (salir) disparado por encima del manillar. Cuando .... (llegar) al hospital su estado era ya gravísimo. .... (morir) durante las primeras horas de la madrugada.

4 Desafortunadamente el tipo de hechos descritos en el texto *Amistad* suceden con relativa facilidad. Por otra parte algunos de vosotros podéis pensar que este tipo de accidentes no es muy frecuente, que es típico de la gente mayor usar estos argumentos para controlar a la juventud. ¿Qué opina la clase? Mantened un debate sobre el particular y decidid si es o no buena idea intentar sacar algunas conclusiones prácticas para evitar al máximo estos hechos entre la gente joven.

5 ¿Te ha sucedido a ti directamente algo parecido a lo narrado en el texto? ¿Has tenido o has sido testigo de un accidente? ¿Has leído o has visto en la televisión un reportaje que te haya impresionado? Escribe un ensayo de unas 250 palabras en el que se narren los hechos y también tus sentimientos con relación a ellos. Haz uso de tu imaginación en caso de que no hayas presenciado o leído ningún acontecimiento de esas caraterísticas.

A *Tics, costumbres y manías de los españoles*

1 Cuando se habla de los españoles, de los ingleses o de cualquier otro pueblo, por lo general se habla de los adultos. Justo o injusto, así son las cosas.

Antes de empezar piensa en las características generales de los españoles vistos por tu propia cultura y toma nota de ello. Después de leer el artículo mira si lo que tú pensabas como estereotipos de los españoles coinciden con los que ellos tienen de ellos mismos.

2 Lee el texto detenidamente y decide si las frases a continuación podrían haber sido dichas por un español medio según lo que dice el artículo.

	Sí	*No*
a A mí lo que más me gusta es invitar a cenar a mi casa a todos mis amigos los fines de semana.	--------------	--------------
b No soporto llevar calcetines largos.	--------------	--------------
c Para mí la mañana empieza después de la ducha.	--------------	--------------
d En las noches frías me encanta darme un baño muy caliente.	--------------	--------------
e Eso de la lotería de navidad es una pérdida de dinero.	--------------	--------------
f Por la mañana sólo me tomo un café, luego hacia las once ya empiezo a sentir hambre.	--------------	--------------

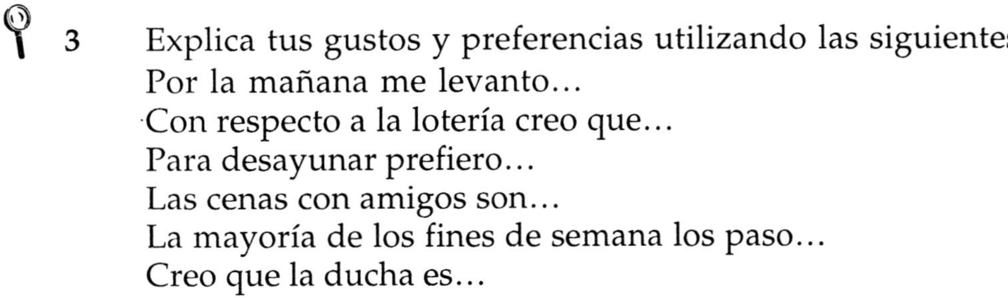

3 Explica tus gustos y preferencias utilizando las siguientes expresiones.

Por la mañana me levanto…
Con respecto a la lotería creo que…
Para desayunar prefiero…
Las cenas con amigos son…
La mayoría de los fines de semana los paso…
Creo que la ducha es…
Voy al cine…
Me gusta ver la televisión sobre todo…

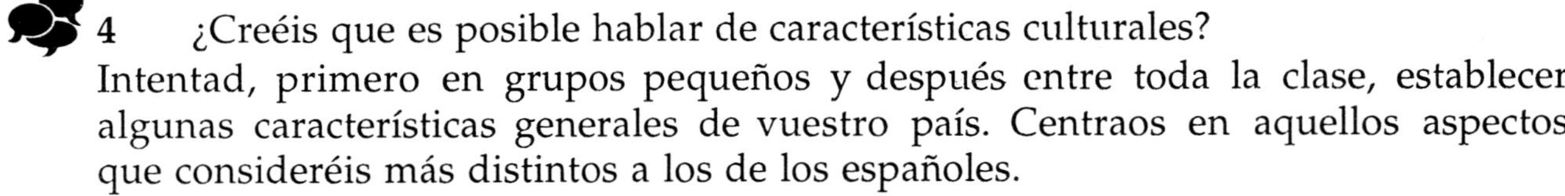

4 ¿Creéis que es posible hablar de características culturales?
Intentad, primero en grupos pequeños y después entre toda la clase, establecer algunas características generales de vuestro país. Centraos en aquellos aspectos que consideréis más distintos a los de los españoles.

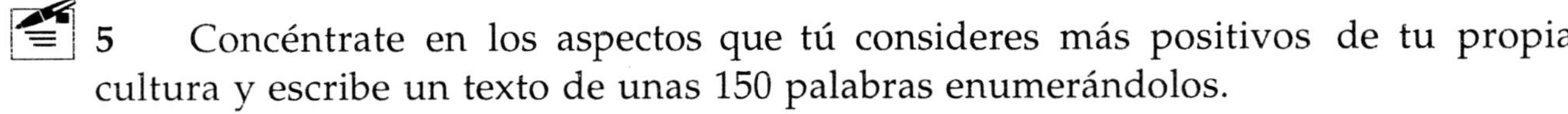

5 Concéntrate en los aspectos que tú consideres más positivos de tu propia cultura y escribe un texto de unas 150 palabras enumerándolos.

B Aprender a vivir sola

1 Según las estadísticas, en el futuro habrá un gran número de personas viviendo solas. Imagínate lo que le dirías o aconsejarías a un/a amigo/a o familiar que empezara a vivir solo/a. Piensa cómo te sentirías tú mismo/a si esa fuera tu situación. Coméntalo con tu compañero/a.

2 Lee el artículo y decide si las frases siguientes son verdaderas o falsas.

		V	F
a	El artículo trata de resolver los problemas diarios de la persona que vive sola.	☐	☐
b	El primer consejo es evitar sentirse víctima.	☐	☐
c	Sea cual sea la situación, siempre hay aspectos aprovechables.	☐	☐
d	Hay que tratar de mantener la cabeza en la realidad y dejarse de pensamientos imposibles.	☐	☐
e	El que espera pacientemente ve sus sueños hechos realidad.	☐	☐
f	Conseguir una vida gratificante e independiente cuesta esfuerzo pero no es imposible.	☐	☐

3 Traduce al inglés el siguiente texto. Toma nota de la traducción al inglés de los verbos que aparecen en subjuntivo.

Con demasiada frecuencia el peor enemigo de la mujer es la pasividad. Soñar no sirve de nada si nos limitamos a esperar que algo suceda y convierta nuestros sueños en realidad. Es el propio esfuerzo lo que lleva al éxito, al crecimiento personal y a un sentimiento de eficacia que resulta indispensable para seguir adelante y conseguir la independencia económica y la estabilidad personal necesaria para tener una vida gratificante.

4 Busca en el texto las palabras españolas equivalentes a las siguientes:

a common error
b to blame
c painful
d besides
e to feel sorry for oneself
f to fall
g wall
h bitterness
i to look forward to
j source

5 *Soñar es vital para cualquier persona, porque permite pensar en aquello que se desea, además de ser fuente de inspiración.*
Esta frase, extraída del texto, podría ser tema de discusión. Habrá personas que piensen que soñar demasiado produce personas fuera de la realidad y con poco sentido práctico. Dividid la clase en dos grupos uno a favor de fantasear y otro en contra. Al final del debate intentad llegar a un compromiso entre las dos posturas.

6 Escribe un texto de 150 palabras explicando tu posición con respecto a la vida independiente. Puedes estar a favor, en contra o mantener un compromiso entre las dos posturas. Recuerda escribir una breve introducción y una conclusión.

C *Querida hijita*

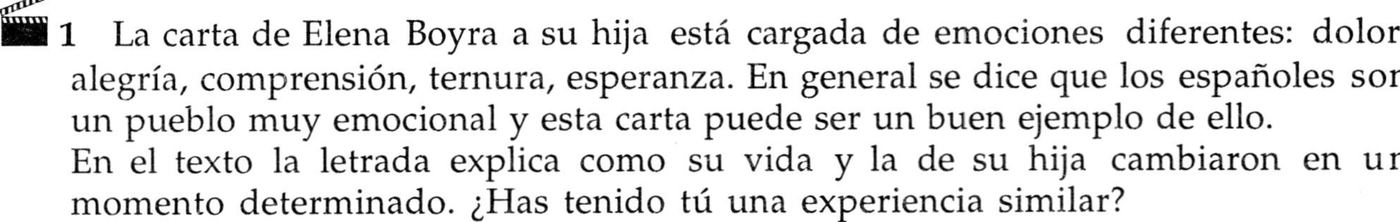

1 La carta de Elena Boyra a su hija está cargada de emociones diferentes: dolor, alegría, comprensión, ternura, esperanza. En general se dice que los españoles son un pueblo muy emocional y esta carta puede ser un buen ejemplo de ello.
En el texto la letrada explica como su vida y la de su hija cambiaron en un momento determinado. ¿Has tenido tú una experiencia similar?
Piensa en esos temas antes de empezar a trabajar el texto.

2 Lee la carta y ordena las siguientes frases para reconstruir su contenido.

- a Los planes de los padres se ven truncados para siempre.
- b Macarena, con cuidado para no despertarlas, se despide con un beso de su hermana y de su madre.
- c La niña luchó intensamente para sobrevivir.
- d La madre está muy triste al tener que aceptar que la niña no se recuperará totalmente.
- e Cuando la niña tenía tan solo 20 días, contrajo parálisis cerebral.
- f La niña sonríe por primera vez desde que contrajo la enfermedad.
- g Nace la niña y la madre se regocija mirándola.
- h La madre espera con ansia los primeros síntomas de la recuperación de la niña.

1	2	3	4	5	6	7	8
☐	☐	☐	☐	☐	☐	☐	☐

3 Traduce al inglés el siguiente pasaje.
Hemos aprendido a vivir otra vez, las dos. Tú dejaste muy claro, en seguida, que a pesar de tu gravísima enfermedad querías sobrevivir. Que ibas a conservar la vida aunque fuera una vida distinta de la que tu padre y yo habíamos planeado para ti. Los primeros meses fueron de angustia y esperanza. Aguardaba ansiosa tu primera sonrisa y cuando lo hiciste, cuando por fin me sonreiste aquella madrugada fue como si el cielo se abriera para mí. Pasé muchos meses confiando en que te recuperarías pero no fue así, y no me importa decirte hoy cuánto me duele y cuántas veces lloro por ti.

4 Elige entre las palabras del recuadro aquellas que sean opuestas a las de la lista.

a	redonda --------------------------	j	despertara----------------------
b	perfecta --------------------------	k	cielo ----------------------------
c	recuerdo -------------------------	l	lloro ----------------------------
d	trágico ---------------------------	m	pequeño -----------------------
e	gravísima -----------------------	n	mejor ---------------------------
f	enfermedad --------------------	o	ángel ---------------------------
g	conservar ----------------------	p	abajo ----------------------------
h	primeros -----------------------	q	amanecido --------------------
i	ansiosa --------------------------	r	alegría --------------------------

último grand feliz infierno arriba salud cuadrada peor demonio río relajada defectuosa desprenderse anochecido durmiera leve no me acuerdo tristeza

 **5** Elige una de las siguientes tareas:

- Escribe una carta a un miembro de tu familia o a un/a amigo/a o a tu novio/a explicando lo importante que vuestra relación ha sido para ti.
- Describe una experiencia en tu vida que haya repercutido en el curso de ésta.

En ambos casos debes prestar especial cuidado al uso de los tiempos verbales y a la forma en que estructuras el trabajo. No escribas más de 300 palabras.

D *Alberto San Frutos*

 **1** Luis Solana habla en este artículo de la admiración que siente hacia un maestro de un pueblo de Jaén. Cuando empieces la lectura, fíjate en el estilo utilizado por el periodista para explicar la razón de su sorpresa ante los conocimientos del maestro. Más que hablar de los detalles de este conocimiento nos plantea una serie de preguntas, la mayoría con respuesta negativa. Al hacer esto trata de resaltar lo poco común de este tipo de personaje en la TV y nos habla también de lo que no le gusta al periodista.

 **2** Cambia el siguiente párrafo a estilo indirecto.

¿Le suena a usted este nombre? Casi seguro que no. Y sin embargo tengo la impresión de que habría que conocer lo que hay detrás de este concursante de la segunda cadena de *TVE*. Ya ni me acuerdo cuántos días lleva acertando brillantemente las preguntas que le plantean en un concurso en el que lo más importante es ser culto. Una auténtica sorpresa.

Puedes empezar diciendo:

El periodista Luis Solana no cree que muchos españoles recuerden el nombre de Alberto San Frutos pero…

3 Empareja las siguientes palabras con las que tú creas que son, en el contexto del artículo, sus equivalentes inglesas.

a	casi seguro	1	continuous
b	de todo	2	arises
c	¿le suena a Vd?	3	it is difficult to say
d	reiterada	4	probably
e	culto	5	a real surprise
f	entre otras cosas	6	snob
g	ya ni me acuerdo	7	Does that ring a bell?
h	pedante	8	educated
i	una auténtica sorpresa	9	I can hardly remember
j	difícil de precisar	10	a bit of everything
k	despierta	11	among other things

a	b	c	d	e	f	g	h	i	j	k
☐	☐	☐	☐	☐	☐	☐	☐	☐	☐	☐

4 Después de hacer el Ejercicio 3, decide cuál de las frases en él será la adecuada para completar las frases siguientes:

a Hace tanto tiempo que pasó, que ------------------------------- .
b En España los gatos comen ------------------------------- .
c Me encanta oir hablar a mi *profe* de historia porque es un hombre muy --------.
d ¿Dice que ------------------------------- pero que no sabe de dónde?
e Es ------------------------------- la hora en la que tuvo lugar el robo.
f No entiendo como Chelo aguanta a su novio. Es un completo -------------------.
g Fuimos de compras el sábado y compramos un regalo para Marta ---------------.
h Un programa sobre España me -------------- las ganas de estudiar español.
i Para ponerse en forma hay que hacer ejercicio de forma ----------------------------.
j Si vais al bar de Paco ------------------------------ que os encontrareis con Amadeo.
k Para mis cumpleaños mis amigos me prepararon ------------------------------- .

1	2	3	4	5	6	7	8	9	10	11
☐	☐	☐	☐	☐	☐	☐	☐	☐	☐	☐

5 Llevad a cabo una encuesta en la clase para descubrir quién es en este momento la figura más popular y la menos popular en la televisión. Si la clase es mixta, intentad descubrir si hay diferencias entre chicos y chicas.

Para empezar escoged áreas diferentes: deporte, música pop; política; moda; arte; cine; presentadores/as de TV; familia real; series de TV.

Colocad los distintos personajes según vayan nombrándose, en los apartados que les correspondan y anunciad al final el apartado, para chicas y para chicos seguido de los nombres de los personajes.

6 Durante el tiempo en que has sido estudiante quizá haya habido un profesor o profesora que te haya influído por sus conocimientos o por sus buenas dotes de enseñante.
Escribe unas 200 palabras describiendo a esta persona y las razones por las que la has elegido. Si, desafortunadamente, no has conocido a nadie de estas características, escribe explicando cómo, en tu opinión, debe ser un/a buen/a profesor/a.

E *Ante el verano, la cuestión es...*

1 Busca en los dos textos las palabras o expresiones que son equivalentes a las siguientes en inglés

a begin to appear ....
b buds ....
c tights ....
d to go on a diet ....
e indispensable ....
f self-discipline ....
g fat ....
h provoke ....
i a well-balanced diet ....
j break, interval ....
k to begin ....
l I'm not complaining that ....
m lettuce heart ....
n to slim ....
o sit-ups ....
p hanging ....
q abdomen ....
r I'm fed up with ....
s bad temper ....
t bone ....

2 Lee el primer texto y decide si las frases siguientes son verdaderas o falsas según el sentido, o si no figuran en el texto:

		V	F	No figura en el texto
a	La chica es matemática.	☐	☐	☐
b	En el parque lleva la falda a media pierna.	☐	☐	☐
c	En la primavera comienza a pensar en adelgazar.	☐	☐	☐
d	Según ella, no se pierde peso sin dificultad.	☐	☐	☐
e	Sus compañeros le dan un apoyo total.	☐	☐	☐
f	El régimen no sólo mejora el cuerpo.	☐	☐	☐

3 Termina las frases siguientes según el sentido del artículo *Dietas, ¿no...?*

a Las familias son las que verdaderamente sufren cuando..........

----

b A Alfredo le da igual que ....

----

c Para cenar, a Alfredo no le gusta ....

----

d Cuando Alfredo tuvo que ponerse a régimen..........

----

e Los amigos de Alfredo.............

----

f Ahora Alfredo no tolera..........

----

g A Alfredo ni las mujeres gordas ni las delgadas..........

----

4 Los dos artículos demuestran dos puntos de vista muy diferentes hacia las dietas. Escribe:

- una lista de los argumentos en pro de las dietas según María de la Puerta
- otra lista de los argumentos en contra de las dietas, según Alfredo G. Reyes
- tus ideas personales sobre las ventajas o inconvenientes de ponerse a régimen

5 ¿Es normal que tengan las mujeres y los hombres una actitud diferente hacia las dietas? ¿Por qué? Escribe un ensayo de 200 palabras en español.

F *Para gustos hay colores*

1 Antes de empezar sería conveniente que pensarais sobre el problema del racismo. El hecho de que viajar es cada vez más fácil y que la diferencia de riqueza entre los países pobres y ricos es cada vez mayor ha hecho que la mezcla de culturas esté a la orden del día. Esto da lugar a que tengamos una mente mucho más abierta a la hora de aceptar y entender las culturas pero el lado negativo es la intolerancia. Pensad en este tema, en el caso concreto del racismo español, en las expresiones y palabras que vas a necesitar para discutir y comentar el tema.

2 Lee el texto con atención y contesta las siguientes preguntas:

a ¿Qué quiere decir, según el texto, la frase *No hay razas*?

---

b ¿Podrías explicar la diferencia entre raza y cultura?

---

c ¿Por qué sintió Jesús pena de Shu-Yuan.

---

d Jesús y Shu-Yuan comparten la misma religión pero ambos están en desacuerdo con uno de sus principios religiosos. Explica cuál es.

---

e Una de las personas del artículo tuvo al principio una reacción que se podría llamar racista. Explica quién fue y cómo cambió de opinión.

---

3 El texto a continuación es un resumen de una parte del artículo. Como verás, en él faltan la puntuación y los acentos. Escribe de nuevo el texto añadiendo todos los signos de puntuación y los acentos que necesita.

shu yuan es una chica taiwanesa que estudio en españa la carrera de bellas artes mientras era estudiante conocio a jesus y este al principio sintio pena de ella porque casi no sabia hablar español despues de unos meses en los que el decidio enseñarle y durante un viaje de fin de curso se hicieron pareja ahora despues de vivir juntos dos años y medio quieren casarse por el rito del yoga.

4 Rellena los espacios vacíos de las frases siguientes con una de las siguientes palabras o expresiones: sino; pero; pero también; tanto... como; tampoco; no sólo... sino que también.

a Según el artículo, no se debe hablar de diferentes razas .... de diferentes culturas.

b Los dos jóvenes no han encontrado problemas insalvables para su convivencia ni .... para la práctica de su religión.

c Shu y Jesús trabajan mucho .... saben divertirse.

d La pareja .... está muy compenetrada, ... es optimista sobre su futuro.

e El padre de Shu pensaba que todos los latinos eran perezosos .... luego cambió de opinión.

f Según el rito yoga, la mujer .... tiene que ciudar al hombre .... tiene que servirle.

g .... Shu .... Jesús son vegetarianos.

h Los dos jóvenes comparten la misma religión .... han deshechado alguno de sus principios.

5 ¿Estáis de acuerdo con la idea de que no existen diferentes razas sino diferentes culturas? ¿Qué pensáis de los matrimonios mixtos?
Iniciad una discusión en clase. Sed honestos en cuanto a vuestros sentimientos y abiertos a nuevas y distintas opiniones a las vuestras.

Elegid cinco miembros de la clase que actúen como testigos de la discusión y que puedan dar al final de ésta un resumen de los puntos discutidos y una conclusión.

6 Escribe tu opinión en unas 250 palabras, sobre el creciente racismo en Europa en general y en España en particular. Contesta todas o algunas de estas preguntas:

- ¿Es el racismo una consecuencia inevitable del desarrollo?
- ¿Se están dando los pasos necesarios para construir sociedades multiculturales basadas en la tolerancia?
- ¿Cuál es, en tu opinión, la mejor forma de educar a los jóvenes hacia la tolerancia?
- ¿Son ejemplos como el de la pareja del artículo la esperanza contra la violencia racial?

G *Lealtad, garantía de confianza*

1 Busca en el texto las palabras y expresiones que tienen el mismo sentido que las siguientes:

a un perro joven ....
b propios de la infancia ....
c anunciado ....
d cama para niños ....
e menospreciará ....
f en seguida ....
g lo más pronto posible ....
h cumplió con ....

2 Pon en estilo indirecto el trozo del texto en el que el padre explica lo que significa la palabra "leal":

"Leal quiere decir digno de toda confianza..." hasta "....sin el menor temor"...

Comienza así:

Mi padre dijo que Leal quería decir digno de toda confianza, alguien en quien podías fiarte siempre...

3 Termina las frases según el sentido del texto.

a Bernabé oyó la palabra leal por primera vez cuando....

----

b El padre trajo un cachorro a casa para que .....

----

c Primero, la madre insistió en que....

----

d El padre creía que un perro....

----

e Cuando murió Leal toda la familia...

----

f El padre de Bernabé quería que su hijo...

----

4 ¿Por qué tienen los perros esta relación tan especial con los seres humanos? ¿Y por qué no los gatos o los caballos u otro animal? Razona tu contestación empleando unas 150 palabras.

H *Las otras Navidades*

1 El artículo que vas a leer habla de aquellas personas que por varias razones encuentran sus problemas agravados durante la Navidad. Piensa antes de empezar a leer de qué grupos puede tratar el texto y qué soluciones se han podido encontrar para mejorar su situación.

2 Lee el artículo y contesta las siguientes preguntas.

Ancianos solitarios

a ¿Qué dos problemas principales tienen los ancianos del barrio de Raval?

----

b En el Centro de Día se llevan a cabo dos tipos de actividades; el primero atiende las necesidades alimenticias ¿y el segundo?

----

c ¿Sabrías nombrar tres alimentos típicos de la Navidad española?

----

d ¿Por qué estarán tristes los ancianos el día de Navidad?

Emigrantes extranjeros

e ¿En qué consiste el trabajo de una asistenta?

----

f ¿Qué consecuencias tiene para Raisa el ser tímida y hablar poco con la gente?

----

g Enumera los países de origen de los inmigrantes amigos de Raisa.

----

h ¿Cuál es el horaric del grupo el día de Nochebuena?

Niños sin padres

i Traduce al inglés el nombre de "Aldeas Infantiles SOS".

----

j Describe el objetivo que Encarna intenta cubrir en su trabajo.

Después de una guerra

k Si *Médicos sin fronteras* trata de cuidar la salud de aquellos que no cuentan con servicios médicos ¿Qué intentará hacer *Payasos sin fronteras*?

----

l Explica la diferencia de ambiente en Yugoslavia antes y después de la guerra, según cuenta Robert Casals.

----

m ¿Menciona Robert alguna diferencia entre Sarajevo y el resto de las ciudades yugoslavas?

----

n Nombra las tres religiones principales que conviven en Sarajevo.

----

o ¿Qué tuvo de diferente la Navidad que se celebró al terminar la guerra?

----

3 Escribe cinco palabras que tú creas que están relacionadas con las siguientes. Trata de escribir tanto nombres como adjetivos y verbos.

Ej: Anciano: roncar, soledad, lentitud, tranquilo, recordar.

alimentación	asistenta	payaso
merienda	ilegal	étnico
coral	cristiano	guerra
Navidad	Reyes Magos	aire
alegrar	tutela	
trabajar	paz	

4 Rellena los espacios vacíos del texto que sigue con las palabras del recuadro.

No hace .... tiempo que Sarajevo terminó con la pesadilla de la .... A partir del momento en que serbios, croatas y .... firmaron los tratados de paz, la idea de celebrar las Navidades en paz dejó de ser un .... El coordinador de Payasos .... Fronteras estuvo allí y nos cuenta su experiencia como .... Robert Casals había .... antes en Yugoslavia y por ello .... resultaba difícil .... lo que contaban los .... de comunicación, ya que según Robert, en Sarajevo se observaba una gran .... racial y religiosa. El odio, sigue comentando Robert, ha .... ahora, sobre todo fuera de las .... En Sarajevo, los habitantes tratan de .... una vida normal. En diciembre de 1995 de nuevo .... las comunidades se dispusieron a celebrar juntas las Navidades.

sueño	todas	aparecido	mucho	estado	ciudades	guerra	armonía
testigo	creer	le	medios		llevar	bosnios	sin

5 Mucha gente piensa que las necesidades de grupos como los mencionados en el artículo deberían ser cubiertas por el Estado con el dinero que recibe de los impuestos. Otra gente en cambio piensa que esta ayuda llevada a cabo por profesionales es a menudo fría e ineficaz, que sería mucho mejor que estos grupos funcionaran con voluntarios.

Dividid la clase en dos grupos cada uno de los cuales va a mantener una postura diferente, y empezad un debate sobre el tema.

6 Imagina que en las próximas Navidades vas a disponer de tiempo y quieres ayudar a uno de los grupos mencionados. Escribe un ensayo de 250 palabras explicando qué grupo has elegido y proponiedo una serie de actividades que tú estarías dispuesto/a a llevar a cabo para ayudarles.

I *Los hombres están cambiando ¿A Mejor?*

1 Empieza a pensar sobre el tema de la transformación de los roles entre el hombre y la mujer. ¿Es cierto que la mujer está ahora igualada al hombre en el mundo del trabajo? ¿Están los hombres ahora menos interesados en controlar el mundo de la casa y más dispuestos a compartir su autoridad con la mujer? La lectura del artículo te informará sobre las opiniones de tres españoles acerca de un tema muy importante en la cultura española.

2 Cada una de las frases a continuación es la opinión de uno de los tres personajes que aparecen en el artículo: la periodista de Telva **(PT)**, Norma Duval **(ND)** y Carlos Herrera **(CH)**. Subraya las iniciales de aquel que haya dado esa opinión al final de cada una de las frases.

a Me encantó la forma en que el marido de Montserrat Caballé acepta su papel de apoyo a su mujer. El, además, no considera su labor como secundaria sino como la más importante en la vida. **PT / ND / CH**

b Los hombres han adoptado ahora valores que tradicionalmente se consideraban patrimonio exclusivo de las mujeres. **PT / ND / CH**

c Los hombres han sido fundamentales en mi éxito. Primero mi padre y después mi marido siempre me han ayudado y apoyado en todo lo que he hecho. **PT / ND / CH**

d Aunque las emociones implican más riesgos que la racionalidad, también nos hacen más ricos como seres humanos. **PT / ND / CH**

e Hoy en día, los hombres jóvenes son muy ambiciosos con respecto a la calidad de su vida privada. **PT / ND / CH**

f Las mujeres de hoy están cansadas de permanecer en la oscuridad y quieren compartir los puestos de responsabilidad con los hombres. **PT / ND / CH**

g No creo que los hombres hayan sido sustituidos por la mujer, simplemente ya no tienen que luchar por mantenerla en un segundo plano. **PT / ND / CH**

h Las mujeres han sido siempre el motor de las cosas y los hombres los que han dado la cara. **PT / ND / CH**

3 Traduce al inglés el texto siguiente:

CH: En algún aspecto lo ha sido siempre. Especialmente en los que hacen referencia a su constitución interna, al control de las emociones... La mujer, desde el silencio y el segundo plano, ha movido el mundo, ha incitado a tomar decisiones, a entrar en acción; el hombre ha puesto la cara y ha recogido trofeos. Y no sólo en las grandes ocasiones sino en el día a día y en los detalles más domésticos. Yo estoy convencido de que el futuro, para bien o para mal, será mujer.

4 Coloca las palabras y expresiones de la lista debajo de uno de los cuatro encabezamientos que tu creas es al que pertenece según el texto.

Emociones (E)	**Profesiones (P)**	**Hombres (H)**	**Mujeres (M)**
Ej: Hacer ilusión	artista	reciclarse	sentido común

afecto ternura nuevos descubrimientos oposición a juez médico felicidad silencio el futuro orondo director general trauma militar intuición inteligencia emocional recoger trofeos periodista seguridad empleado vulnerabilidad empresa incitar a la acción tolerancia y respeto razonamientos abstractos cariño profesiones liberales presidente de los EEUU matriarcado ser siempre el mejor segundo plano

5 Posiblemente ya habréis discutido el tema de la emancipación de la mujer en alguna ocasión. Tratad de darle un nuevo enfoque discutiendo sobre las ventajas o desventajas de no tener papeles diferentes dentro de la familia.

- ¿Son iguales los hombres y las mujeres?
- ¿Vale la pena poner énfasis en las diferencias?

Dividid la clase en dos grupos uno a favor de la igualdad total y otro en contra. Preparad vuestro argumento y escribid la conclusión al terminar el debate.

6 Hay quién piensa que la nueva libertad de la mujer es sólo posible en los casos en los que el hombre ha llevado a cabo también cambios importantes.

- ¿Crees que los hombres han cambiado también o no?

Escribe un ensayo de 250 palabras dando tu opinión sobre el tema.

J Historias agridulces

 1 Este artículo cuenta las historias de una serie de personas marginadas. Identifícalas.

descripción	*nombre*
a El único vendedor que tiene títulos profesionales	
b Comparte el trabajo y la vida con Luis	
c Perdió su trabajo por los nuevos métodos agricolas	
d Tiene problemas de enfermedad en la familia	
e Le expulsaron de su vivienda	

2 Rellena el siguiente recuadro según el ejemplo:

sustantivo	*verbo*	*adjetivo*
Ej: cubierta	cubrir	cubierto
compañero		
		perdido
	trabajar	
ganancias		
		triste
		acosado
actividad		
	alquilar	

 3 Lee las frases de la Lista A y escoge las terminaciones más apropiadas de la Lista B, según el sentido el texto. Pon la letra adecuada en cada casilla.

	Lista A		*Lista B*
I	El que escribe el artículo lo hace	a	Luis vendió prensa en Madrid.
		b	sino tambén ayuda con la gestión.
II	Consiguieron el permiso municipal	c	para describir las experiencias de sus compañeros.
III	Antes de ir a Salamanca	d	casarse
		e	con la ayuda de la policía
		f	con la ayuda de una organización no gubernamental.
IV	Luis no sólo vende "La Luz"	g	Juan trabajó en el campo.
V	Augusto viajó a España esperando	h	Juan vendió chatarra.
		i	Luis no tenía compañera.
VI	Antes de vender prensa	j	encontrar trabajo.

I	II	III	IV	V	VI
☐	☐	☐	☐	☐	☐

 4 Imagina que eres uno de los vendedores de prensa del artículo. Narra un día en su vida tal y como lo experimenta. Emplea unas 200 palabras.

5 Escribe una redacción de 250 palabras sobre el tema siguiente:
¿Por qué existe esta gente marginada que vende prensa, y cómo pueden mejorar su situación?

K Carmen Maura De la A a la Z

1 El artículo *Carmen Maura de la A a la Z* es como un juego. La actriz nos cuenta lo que cada letra del alfabeto representa para ella. Lee el artículo atentamente y trata de hacerte una idea del tipo de mujer que es Carmen Maura.

2 Ponte en el papel de Carmen Maura y contesta las preguntas de esta entrevista imaginaria usando la información contenida en el artículo.

a Carmen, cuéntanos sobre tus principios como actriz ¿Vienes de una familia de actores?

----

b Una de tus mejores épocas profesionales fue tu colaboración con Pedro Almodóvar. ¿Te gustó trabajar con él?

----

c Tus compañeros de rodaje dicen que en el trabajo tienes muy mal genio; en cambio tus amigos personales dicen que eres un ángel. ¿Cómo explicas esa diferencia?

----

d ¿Qué consejo darías a alguien que está empezando en el cine? ¿Cuál crees tú que es el mayor peligro del actor a la hora de rodar?

----

e Háblanos de tu última película.

----

f Ultimamente has hecho más televisión que cine y con frecuencia con Antonio Resines como pareja. Háblanos un poco de todo eso.

----

g "Los modernos" de "la movida madrileña" tuvisteis fama de juerguistas. ¿Sigues todavía con ese estilo de vida?

----

h ¿Te preocupa mucho tu figura? ¿Qué haces para estar en forma? ¿Sigues una dieta?

----

i ¿Qué tal se te da el papel de madre?

----

j Ahora vives en Paris ¿Quiere esto decir que has cortado tus vínculos con España?

----

3 Rellena los espacios vacíos del texto a continuación con las palabras del recuadro.

Carmen Maura ha sido una de las actrices más .... del cine español de la .... Su película *Mujeres al borde de un ataque de nervios,* dirigida por Pedro Almodóvar, ... y deleitó al público tanto español como extranjero. En .... película Carmen hace el .... de una actriz que trabaja .... el doblaje al castellano de películas extranjeras. Ella vive en un .... plagado de plantas y de animales que nos habla de la nostalgia de los españoles de ciudad .... el mundo rural que en la mayoría de los .... les está bastante cercano en el tiempo.

En *Mujeres* tienen lugar un .... de situaciones inverosímiles que los protagonistas aceptan .... parpadear; terroristas, adulterios, ... , enamoramientos repentinos , todo pasa de forma .... mientras los personajes mantienen una cierta inocencia que nos hace sentir ternura hacia ellos.

Quizá uno de los carácteres más .... de *Mujeres*... sea el taxista con el pelo teñido de .... en cuyo taxi se puede encontrar de todo, desde aspirinas hasta un .... de labios.

casos	incendios	rubio	papel	sorprendió	vertiginosa	sinfín	tubo
ático	importantes		esta	en	sin	democracia	por	famosos

4 Empareja las palabras de *a* a *u* con los significados de *1* a *21*:

a	exigir	**h**	escapar	**o**	guión
b	reír	**i**	obsesión	**p**	diaria
c	bufanda	**j**	cenar	**q**	aguja
d	mano	**k**	edad	**r**	fiesta
e	collar	**l**	relación	**s**	complejos
f	gallina	**m**	café	**t**	delgada
g	tomate	**n**	padres	**u**	Yorkshire

1 Objeto que, traspasado por un hilo, se utiliza para coser.
2 Cantidad de años que una persona ha vivido.
3 Objeto de adorno que se coloca colgado del cuello.
4 Acción por la que se espera el máximo grado de algo o alguien.
5 Idea fija y constante.
6 Base escrita de una película.
7 Bebida de color negro que puede tomarse con leche y azúcar.
8 Sin mucha grasa en el cuerpo.
9 Objeto que sirve para abrigar el cuello.

10 Acción por la que se expresa alegría y gozo.
11 Reunión alegre de personas con música y bebida.
12 Raza de animal de compañía.
13 Vínculo entre dos personas
14 Animal doméstico que pone huevos
15 Huir por cierto tiempo cuando se presenta la ocasión
16 Extremidad del brazo que sirve para coger cosas.
17 Manía, normalmente sin fundamento.
18 De todos los días
19 Fruto que se come en ensaladas
20 Acción de tomar la última comida del día.
21 Personas que procrean y cuidan de un niño o una niña.

a	b	c	d	e	f	g	h	i	j	k	l	m	n	o	p	q	r	s	t	u
□	□	□	□	□	□	□	□	□	□	□	□	□	□	□	□	□	□	□	□	□

5 Elije una persona de tu clase y entrevístale como si la entrevista fuera a publicarse en una revista. Pregúntale sus detalles personales y también sus opiniones con respecto a temas importantes para la juventud de hoy. Recoge por escrito un resumen de sus respuestas.

6 Infórmate en la biblioteca de tu colegio y en la internet y escribe un ensayo de 350 palabras sobre el periodo de la transición española. En él debes incluir:

- Figuras clave de la transición.
- Fechas importantes.
- Decisiones políticas entre 1975 y 1981.
- Partidos y fuerzas políticas en juego durante esta época.
- Importancia de la figura del rey D. Juan Carlos.
- El tejerazo

L *La perfección*

1 Busca en el texto las palabras o expresiones que son equivalentes a las siguientes en inglés.

a looking at ....
b sponsored ....
c features ....
d strives to ....
e centuries-old ....
f trigger off ....
g harmful ....
h border on ....
i cuttlefish ....
j to lodge ....
k fold ....
l our greatest happiness would lie in
....

2 Cada una de las cinco frases siguientes resume un párrafo del artículo. Pon las frases en su orden correcto.

a La investigación trató de relacionar la felicidad con varios estilos de vida.
b Si buscas la verdadera libertad es mejor no perseguir la perfección.
c La verdadera felicidad estriba en una actitud sana que se opone a la perfección que predican los curas.

d Descubrí en un libro un juicio sobre la felicidad.

e En muchos casos la perfección no significa belleza, y por otra parte, la imperfección puede ser atractiva.

1	2	3	4	5

3 Termina las frases siguientes utilizando la forma correcta del subjuntivo:

a Vicente Verdú no cree que la perfección ....

b Para los psicólogos, sería mejor que..........................

c Es posible que la gente que come dulces y chocolate.........................

d Vicente Verdú escribe el tema de manera provocadora para que........................

e No podría decirse que un monstruo........................

4 ¿En qué consiste la verdadera felicidad, en tu opinión?
Escribe 250 palabras.

M *Tinto y Copla*

1 Este artículo es el resultado de una entrevista con el poeta valenciano Enric Sória. Durante ella, entrevistador y entrevistado se entendieron muy bien y como consecuencia Javier Cercas decide escribir un artículo en el que se recojan las impresiones generales del encuentro. Trata de entender el tono general del texto antes de empezar tu trabajo.

2 Como ya hemos dicho el texto era originalmente una entrevista.
Trata de reproducirla utilizando la información contenida en el artículo.

Ej: *Cercas:* ¿Qué tal tu trabajo en *Avui*? ¿Cómo se te ocurrió trabajar en una publicación como ésa?
Sória: Es una publicación tan buena como otra para ganarse la vida.

Cercas: ¿No te parece que hay demasiadas revistas de opinión?
Sória:

3 Escribe una lista con algunas de las razones citadas en el artículo por las que Javier Cercas y Enric Sória se lo pasaron tan bien. Una vez hecha esta lista, piensa en otras tantas razones imaginarias por las que se lo podrían haber pasado mal.

Ej: Lo pasaron bien porque:	**Lo podrían haber pasado mal si:**
Se consagraron a las nobles actividades de comer, beber y decir burradas.	Enric Sória hubiera detestado Madrid.

4 Rellena los espacios vacíos de la tabla con la tercera persona del singular de los tiempos verbales que faltan.

Infinitivo	*Presente*	*Indefinido*	*Imperfecto de Subj*
Ej: entenderse			
	decide		
	concluye		
			se despidiera/ese
		se acordó	
			pudiera/ese
salir			
		puso	

5 ¿Está la clase de acuerdo en las actividades que hay que llevar a cabo para pasar una buena noche? ¿Es o no es muy importante la compañía? ¿Sería la forma de pasarlo bien una noche, muy diferente a la noche que pasaron Enric y Javier?
Hablad de estos temas, primero en grupos pequeños y después entre todos los miembros de la clase. Tratad de llegar a un acuerdo al final.

6 *En esta vida, la buena compa–ia es un alivio que no agradeceremos nunca lo suficiente.*
Toma esta frase como tema y escribe un ensayo de 250 palabras refiriéndote a tu familia, amigos, o incluso a un desconocido que hayas encontrado durante un viaje cuya compañía fue agradable y estimulante.

7 Consulta la biblioteca y/o la internet y toma notas sobre las autonomías en España en general y sobre Cataluña en particular. Escribe un ensayo de unas 350 palabras en el que hables de su historia de sus momentos importantes y de su actualidad.

N *La herida*

1 Lee el artículo ayudándote del diccionario ya que algunas de las palabras que aparecen en él te serán desconocidas.

2 A continuación encontrarás una lista con algunos de los adjetivos que aparecen en el artículo. Elije un nombre del recuadro que pueda acompañar a cada uno de los adjetivos. Sólo hay un nombre por adjetivo.

Ej: botella irrellenable; verdad absoluta

adjetivo	*nombre*	*adjetivo*	*nombre*
Ej: primeras	horas	**Ej:** frenético	comportamiento
incipiente	--------------------	profesional	--------------------
aguda	--------------------	fugaz	--------------------
entreverado	--------------------	enigmática	--------------------
alelado	--------------------	madura y sensata	--------------------
absoluta	--------------------	feroz	--------------------
nerviosísima	--------------------	concreto y nimio	--------------------
extraña	--------------------	infinita	--------------------
total	--------------------	irrellenable	--------------------
satisfactoria	--------------------		

historia nota botella personalidad verdad tormenta lobo jovencito estrella mensaje perra voz jamón silencio mujer paciencia conducta

3 Practica los pronombres personales colocando en los espacios vacíos el que corresponda.

a Elena .... aliena cuando .... enamora, pero a mí el enamorar .... no .... aliena, al revés, ... sienta de maravilla.

b Mi madre .... pone nerviosísima si ve un ratón en la casa; mi padre, en cambio .... hace el héroe y .... dispone enseguida a cazar ....

c Cuando Hugo tiene que subir a un avión .... convierte en un niño pequeño. Volar .... da un miedo terrible.

d A mí la música .... relaja y .... ayuda a concentrar .... pero sé que a alguna gente .... molesta la música para trabajar.

e A Lupe el hacer ejercicio .... da mucha energía y .... quita el hambre.

f El pobre Lucas, cuando .... dan una mala noticia .... hunde enseguida. Luego .... pasa y puede empezar a pensar las cosas con calma.

4 En la cultura española existe una historia similar a la de *Romeo y Julieta*, la de *Los amantes de Teruel*. Como en la obra de Shakespeare, estos amantes terminan muriendo debido a la oposición familiar. Sería interesante que pensarais en la forma en que dos jóvenes enamorados podrían salvar las dificultades y terminar juntos.

Entre toda la clase pensad de qué forma podrían dos jóvenes convencer a los que se oponen a su relación.

Una posibilidad es que la clase se divida en los distintos personajes de la historia. El joven, la joven, los padres de cada uno, los amigos, las amigas. Cada uno de estos personajes debe adoptar una posición y expresarla.

No decidáis que podrían escaparse; el ejercicio intenta encontrar argumentos para convencer, no huidas.

5 Escribe un resumen del artículo de 150 palabras. Recoje las ideas que consideres más interesantes de las que se reflejan en él y conéctalas para dar coherencia a tu escrito.

O *El amor reflejo*

1 El texto habla de las relaciones familiares y en especial de las relaciones entre hombres y mujeres. Según el autor, a los suegros no les queda más remedio que querer a sus hijos e hijas políticos. Esa es quizá una de las características de las relaciones familiares, el pensar que la única solución posible a la llegada de extraños es aceptarlos y quererlos, aunque sea a la fuerza. ¿Estás de acuerdo con esta teoría? ¿Crees que puede funcionar?

2 De cada palabra o expresión de la lista se te ofrecen tres posibles equivalentes según el sentido del texto; dos son ciertos pero uno es incorrecto. Decide cuál es el incorrecto subrayándolo.

a	cosas agradables:	piropos; cosas sin sentido; comentarios
b	reproches:	críticas; antojos; comentarios desfavorables
c	mandarlas:	sellarlas; enviarlas; hacerlas llegar
d	señas:	particular; dirección; franqueo
e	me rodean:	me son cercanas; me lavan la ropa; tengo a mi lado
f	todo lo contrario:	al revés; lo opuesto; siempre igual
g	llama la atención:	disgusta; choca; sorprende.
h	de la casa:	manuales; caseros; del hogar
i	por todas partes:	totalmente; a todas horas; casi siempre
j	hijos políticos:	diputados; yernos; maridos de mis hijas
k	expresarse:	decirse; explicarse; solucionarse
l	birlan:	roban; secuestran; quitan
m	ser frecuente:	pasar; suceder; ser raro
n	imposible:	difícil; ingrata; incorregible
o	me refiero:	consulto; hablo; apunto
p	consultarle:	consumirle; preguntarle; saber su opinión
q	rogándole:	pidiéndole; suplicándole; dándole
r	acabe:	termine; sea; conecte
s	no da golpe:	manda mucho; no trabaja; no hace nada

3 De las tres respuestas que se dan a cada pregunta, elige la que esté más de acuerdo con tus ideas. Una vez hecho esto defended vuestra posición entre vosotros.

a **La lectora...**
- Tiene razón en quejarse porque el autor presume demasiado de feminista
- No tiene razón porque es bueno que los hombres se preocupen de las mujeres
- Debería divorciarse inmediatamente de su marido machista

b **El autor...**
- No se preocupa bastante de sus hijos varones
- Está viviendo en un completo matriarcado
- No debería meterse a matemático si es escritor

c **La familia del autor...**
- Debe ser un encanto
- Se pasa el tiempo fingiendo querer a los que no quieren
- Está demasiado dominada por las mujeres

d **El marido de la lectora...**
- Gracias a Dios representa una especie en extinción
- Le está tomando el pelo a su mujer
- Es el marido ideal para ella

e **El artículo en general...**
- Deja en buen lugar a las mujeres
- Habla más de los pobrecitos hombres que de los derechos de las mujeres
- Explica lo unida que está la familia española.

4 Ayudándote del diccionario si lo necesitas, escribe cinco palabras que te sean sugeridas por las de la lista.
Ej: <u>Carta</u>> correo, sello, buzón, amistad, factura

escritor; reproche; rodear; perdedor; raro; varones; extrañar; presumir; ecuación; paraíso; infinito; excepción; suegros; complicidad; insignificancia.

5 ¿Creéis que se podría escribir un serial televisivo sobre vuestra vida familiar o sobre la vida en vuestro colegio? Si contestáis afirmativamente a la segunda propuesta podríais comenzar por describir a los personajes principales y a continuación tratad de escribir el episodio piloto.

Esta debe ser una labor en conjunto y por supuesto la lengua a utilizar será exclusivamente el castellano.

P *Mando*

1 Empareja las palabras y expresiones siguientes con su equivalente inglés:

a	las escrituras de propiedad	1	son-in-law
b	el cajón	2	sceptre
c	espantados	3	property
d	vástagos	4	likeness
e	heredar	5	frightened
f	bienes	6	cave dweller
g	yerno	7	adorned
h	sostén	8	to inherit
i	imberbe	9	staff
j	recamado	10	support
k	troglodita	11	drawer
l	báculo	12	descendants
m	doblegar	13	title deeds
n	sueldo	14	as one pleases
o	cetro	15	salary
p	a su antojo	16	to bend
q	semejanza	17	beardless

a	b	c	d	e	f	g	h	i	j	k	l	m	n	o	p	q
☐	☐	☐	☐	☐	☐	☐	☐	☐	☐	☐	☐	☐	☐	☐	☐	☐

2 Termina las frases siguientes según el sentido del texto:

a En las familias antiguas el patriarca era el que..........

---

b Antiguamente los hijos masculinos esperaban que..........

---

c Muchas veces las familias eran tan pobres que..........

---

d En las familias modernas ya no manda el anciano porque..........

---

e El equivalente moderno de la porra de nuestros antepasados es...........

---

f Hoy en día la autoridad reside en...........

---

g Los otros miembros de la familia moderna tienen que..........

---

3 ¿Te parece exagerado el retrato de las familias antigua y moderna que pinta Manuel Vicente? Explica

(i) lo que significan las descripciones siguientes, y
(ii) por qué Manuel Vicente describe así a estos miembros de la familia.

a la esposa sometida
(i) --
(ii) --

b la hija casadera con los ojos espantados
(i) --
(ii) --

c los vástagos varones atenazados por las ansias de heredar
(i) --
(ii) --

d el personaje...imberbe, sentado en el sillón de mimbre presidiendo la escena
(i) --
(ii) --

e el que tiene potestad para cambiar de canal a su antojo
(i) --
(ii) --

4 En español muchos adjetivos y sustantivos se derivan de verbos. Forma adjetivos y sustantivos de los siguientes verbos sacados del texto:

verbo	*adjetivo*	*sustantivo*
Ej: casarse >	casadera >	casamiento
mandar	....	....
poder	....	....
espantar	....	....
soltar	....	....
imponer	....	....
contemplar	....	....
cambiar	....	....
conceder	....	....
crear	....	....
trabajar	....	....
limitar	....	....

5 Este artículo argumenta que hoy en día en casa manda el que tiene trabajo. ¿Estás de acuerdo? Si no, ¿quién, en tu opinión, tiene el poder en la familia y por qué? Escibe una redacción en español de 250 palabras.

Q Boquitas pintadas

1 El texto que vas a leer es un extracto de una novela. En él se transcriben unas cartas de un consultorio sentimental del año 1936. El trascurso de más de medio siglo afecta las circunstancias de las cartas pero hay algo que puede ser aplicable a nuestros días; el hecho de que el tiempo decide muchas cosas y lo que parece ser de una forma hoy, puede descubrirse muy distinto mañana.
Para empezar a trabajar el texto lee solamente la primera carta y antes de pasar a la respuesta empieza con las preguntas.

2 Lee la carta de *Espíritu confuso* y resúmela en un párrafo de unas 100 palabras. Una vez hecho esto, decide cuál sería tu consejo para la afligida joven.

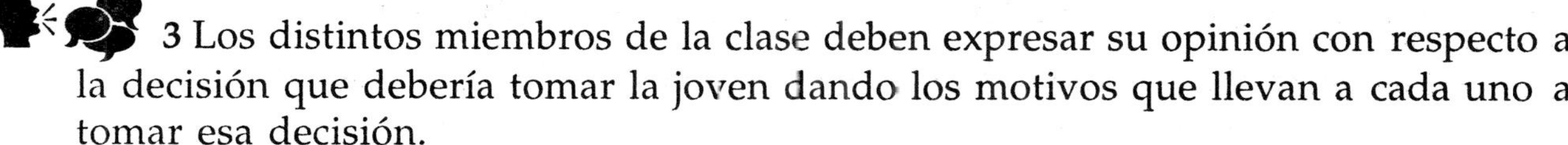

3 Los distintos miembros de la clase deben expresar su opinión con respecto a la decisión que debería tomar la joven dando los motivos que llevan a cada uno a tomar esa decisión.

4 Lee a continuación la respuesta que da Ma. Luisa Díaz Pardo. ¿Estás de acuerdo con ella? Intentad explicar entre todos los miembros de la clase las razones que llevan a la consultada a reaccionar así.

Pasad ahora a leer la segunda carta de *Espíritu confuso*. ¿Qué cambios importantes ha habido en la situación? Escribe de nuevo un resumen que explique estos cambios y piensa en lo que aconsejarías a la joven en sus nuevas circunstancias. Discutid en la clase qué consejo deberíais dar a la joven.

Por fín lee la respuesta de Ma. Luisa Díaz Pardo. ¿Ha cambiado su actitud? Si piensas que sí, ¿en qué ha cambiado? ¿estás de acuerdo con ella? Comentadlo en la clase e intentad llegar a una decisión.

5 Una vez leído y discutido el texto disponte a escribir un comentario en forma de ensayo de unas 300 palabras respondiendo a uno de los siguientes títulos.

- La actitud de los adultos hacia los jóvenes en el pasado les obligaba a permanecer en un estado de total dependencia.
- Los consultorios sentimentales son una pérdida de tiempo porque la persona que aconseja no conoce en detalle la situación.
- Los adultos deben enseñar a los jóvenes a tomar responsabilidades sin influenciar demasiado sus decisiones.
- Ser joven hoy en día es una suerte porque la sociedad es más tolerante y menos clasista.

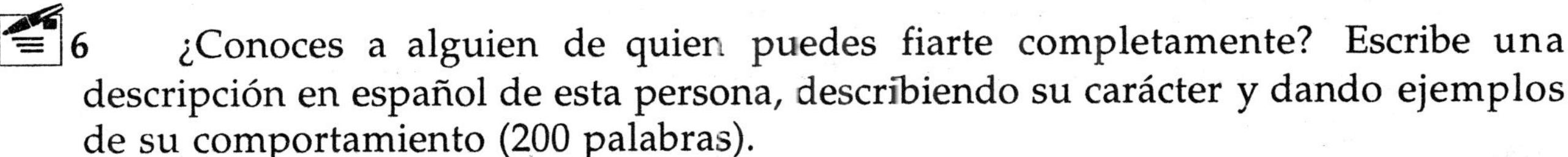

6 ¿Conoces a alguien de quien puedes fiarte completamente? Escribe una descripción en español de esta persona, describiendo su carácter y dando ejemplos de su comportamiento (200 palabras).

R Antonio Chenel "Antoñete"

1 *Los Toros* es uno de esos temas que causa conflictos a otras culturas e incluso entre los mismos españoles. Una vez dentro de Europa hay quien considera que es tiempo de terminar con una fiesta que tiene mucho de primitiva y que no está a tono con los avances tecnológicos y la modernidad. Pero ¿son en realidad *Los Toros* una fiesta primitiva? ¿Es buena idea juzgar aquello que se desconoce? La entrevista con Antoñete intenta acercaros al complejo mundo del torero. Trata de leerla sin prejuicios y de entender a un maestro del toreo por lejano que se encuentre del mundo de los jóvenes de hoy.

2 Lee el texto con atención y contesta las siguientes preguntas.

¿Qué consecuencias tuvo la posguerra española en los toreros de la época?

¿Por qué no tuvo tantos problemas el torero como pudiera haber tenido?

¿Qué relación existe entre la vida personal de Antoñete y su arte de torear?

¿Qué quiere decir Antoñete con la frase *perdedores lo somos todos*?

El toreo, el cante y el baile pertenecen a la más profunda tradición española. Escoge una de las tres y descríbelas brevemente.

Se dice que el cante flamenco es un tipo de *blues* esto es la música que expresa sentimientos de profunda tristeza y desarraigo. ¿Puedes encontrar en las palabras de Antoñete algo que apoye esta teoría?

----

3 La clase va a discutir el tema de los toros. Para ello es necesario tomar el asunto seriamente e intentar discutirlo desde la perspectiva de la cultura española. Esto no es fácil y vamos a dividirlo en distintas partes.

a Un grupo de estudiantes va a investigar los pormenores de la vida del toro de lidia. Su crianza, su estilo de vida, su edad y peso a la hora de llegar al ruedo.

b Otro grupo va a investigar al torero. Su origen social, su vocación, sus posibilidades de éxito.

c Otro grupo va a estudiar la historia del toreo. Sus orígenes y su desarrollo.

d Finalmente, el último grupo describirá la corrida, sus diferentes partes y su posible simbolismo.

e Una vez llevada a cabo esa labor, cada grupo hará una presentación oral con el resultado de su investigación al cabo de la cual el resto de la clase hará cuántas preguntas crea necesarias.

f Una vez la clase está bien informada de los detalles de la lidia, tendrá lugar el debate en sí. Para empezar, los estudiantes que estén en contra de la corrida deberán defenderla y viceversa.

g Al final de la discusión la clase deberá llegar a una conclusión que será redactada por un miembro de la clase en la pizarra y copiada por el resto de los miembros.

4 Escribe un artículo a tu periódico local explicando tu posición con respecto a la corrida. Tanto si estás a favor como en contra intenta explicar claramente las repercusiones de la fiesta *Los Toros* en el mundo moderno. Escribe unas 300 palabras.

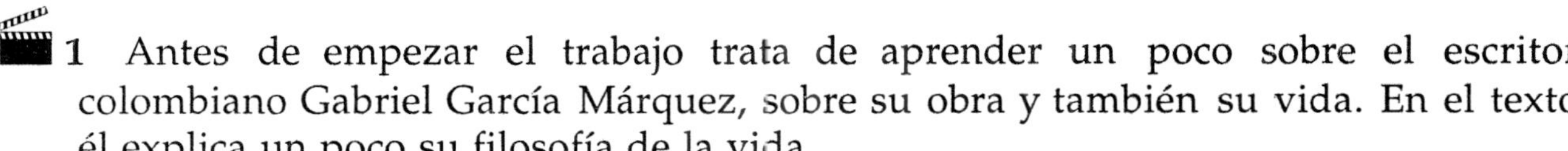

S *La bendita manía de contar*

1 Antes de empezar el trabajo trata de aprender un poco sobre el escritor colombiano Gabriel García Márquez, sobre su obra y también su vida. En el texto él explica un poco su filosofía de la vida.

¿Qué características humanas crees que nos demuestra? Elige entre los adjetivos que siguen los que creas que le caracterizan mejor:

pícaro, inteligente, arrogante, trabajador, humilde, honesto, con talento, envidioso, leal, poderoso, ambicioso, mentiroso, pedante.

Una vez hecho esto, justifica tu elección y coméntala con el resto de la clase.

2 ¿Estás o no estás de acuerdo con las frases siguientes?
Pon una X en las casillas correspondientes.

		Sí	*No*
a	¿Podría decirse que el escribir le viene de familia a G. García Márquez?	☐	☐
b	La madre del escritor tiene una técnica narrativa envidiable.	☐	☐
c	A la madre del escritor le gusta mucho jugar a las cartas.	☐	☐
d	Dice G. García Márquez que lo mejor para tener una vida larga y feliz es jugar como los niños.	☐	☐
e	Una vez que el escritor descubrió que quería ser narrador, no dejó que nada le cambiara de idea.	☐	☐
f	Para poder escribir sin interferencias, el autor diseñó una forma especial de estudiar.	☐	☐
g	El estilo de estudio que diseñó el escritor le dio resultados excelentes aunque le ocupó todo su tiempo.	☐	☐
h	Su método estaba basado en una concentración total.	☐	☐

i García Márquez contaba con el apoyo de su familia porque sacaba notas muy buenas. ☐ ☐

j La libertad es, para el escritor, la base fundamental y la inspiración de su trabajo. ☐ ☐

3 Trata de analizar la técnica utilizada por G. García Márquez explicando la intención del autor en cada párrafo y línea del texto.
Fíjate en el ejemplo antes de comenzar la tarea.
Ej: Párrafo 1

Líneas 1-2: Orígenes de la vocación de escritor de G. García Márquez.
Líneas 2-6: Descripción de su madre; educación y técnica narrativa.
Líneas 6-13: Ejemplo de la técnica empleada por su madre al contar un cuento.
Líneas 13-14: Reacción del autor al escuchar el cuento.

4 Elige una de las palabras del recuadro para rellenar los huecos de las frases siguientes.

a Cuando los niños van al circo se quedan .... al ver los trucos de los magos.

b No hay nada peor que tener que estudiar ....

c Es una chaqueta preciosa pero las .... me están cortas.

d Dice unas mentiras tremendas y se queda ....

e El .... es la carta más valiosa de la baraja.

f A las actrices más guapas las fotografían mucho en ....

g Dicen que comer yogurt ayuda a la ....

h Las mejores novelas suelen tener buenos ....

i Te voy a contar un .... para que te salga siempre bien la mayonesa.

j El ser inteligente .... con ser popular.

k La mayoría de los muebles de hoy se tienen que .... en casa.

l Hoy tiene una cara sospechosa, no sé lo que se ....

m Empezó a estudiar ....

n No me gusta jugar con ella porque hace ....

golpes de efecto   as   mangas   no tiene nada que ver   tan campante   primer plano   boquiabiertos   armar   longevidad   truco   trampas   a la fuerza   un poco tarde   trae entre manos.

5 Un pequeño grupo de estudiantes de la clase tienen que hacer una presentación oral sobre Gabriel García Márquez y su obra. Al terminar el resto de los estudiantes debe hacer preguntas para aclarar o comentar puntos de la presentación.

6 Es posible que tu ambiente familiar o tu experiencia hayan influenciado tu decisión de estudiar español. Fíjate en la técnica que García Márquez utilizó en el texto, y describe tu propia experiencia en un ensayo que no sea superior a 350 palabras.

CLAVE

La infancia

A **Declive de la población escolar**

1 **a** F; **b** V; **c** V; **d** F

2 **a** Los pasados treinta años; **b** Estados no miembros; **c** Un ascenso más acentuado/ un descenso menos acentuado; **d** Nota negativa; **e** Estudios primarios/elementales

B **Encerrada en sí misma**

2 **a** quiero dejar; **b** siempre... nunca; **c** bajita; **d** asociada; **e** ¿Tienen razón? **f** relacionada; **g** los más; **h** para subir; **i** tener éxito; **j** que la alimentan; **k** de otra raza; **l** vuelvan; **m** el tiempo

4 **e – d – a – c – f – b**

C **La fantasía en los niños**

2 **a** ... si la conducta de sus hijos es normal o no; **b** ... entre "pensar" y "hablar"; **c** ... porque es enriquecedora y positiva; **d** ... empobrecedora para el niño; **e** ... puede significar que existen problemas más serios; **f** ... son mentirosos; **g** ... fantasía y relidad se confunden.

3 **a** 5; **b** 7; **c** 8; **d** 1; **e** 9; **f** 2; **g** 4; **h** 10; **i** 3; **j** 6

D **Soy un niño. ¿Quién me ayuda?**

2 **a** los abuelos; **b** la mujer; **c** el cuñado, el marido; **d** dos hijos, primos; **e** hermano, padre; **f** Ana; **g** abuelos; **h** hermanas, las sobrinas.

3 **a** ellos se habían hecho cargo del problema y lo habían solucionado; Para ella la única solución es no comer nada. **b** si los niños conocieran la existencia del Teléfono del Menor llamarían con más frecuencia; los niños se imaginan que nadie les aprecia, y esto les crea grandes problemas psicológicos.

4 **a** llamar; **b** vomitar, perder; **c** ocasionar; **d** incrementarse, crecer; **e** pensar; **f** vivir; **g** separarse, utilizar.

E **Fátima, 10 años. Tengo Síndrome de Down**

3 **a** (parte de) la familia; **b** número (ordenal); **c** (uno de los) sentimientos; **d** (una) condición (de origen genético) (incurable); **e** (persona importante en) la sanidad; **f** (una de las dependencias del) hospital; **g** un médico especialista de niños; **h** una parte del cuerpo; **i** una forma de aprender; **j** una actividad física.

4 **a** en; **b** por; **c** para; **d** de, de, de; **e** en, sobre; **f** con; **g** a pesar de/ sobre, por/hacia; **h** a

F **El Olimpo enano**

2 Entre todos los personajes clásicos de la literatura infantil, los únicos que han sobrevivido han sido los Reyes Magos, Papá Noel y el Ratoncito Pérez. Los otros personajes como los ogros, las hadas y los fantasmas, que necesitan de una fuerte dosis de imaginación, han sucumbido a la televisión y las nuevas tecnologías. Los niños actuales parecen totalmente desinteresados en unos personajes que no llevan armas, son invisibles y además no ofrecen regalos.

Según una encuesta llevada a cabo en 10 colegios de Madrid, para que los niños acepten a un personaje éste tiene que ofrecer ciertas garantías. Es imprescindible que salga en la televisión, que traiga las bolsas llenas y que llegue siempre en un día determinado. Los héroes anteriormente citados cumplen estos requisitos y por lo tanto tienen asegurado su sitio en el imaginario infantil.

3 **a**/5; **b**/2; **c**/1; **d**/3; **e**/4

4 But much more is required. Appearances on television are almost indispensable. For children today seeing is believing, and TV is the irrefutable proof/the guarantee of the existence of almost everything. This can been seen in the results of a survey carried out on 300 schoolchildren between the ages of 4 and 11 in ten schools in Madrid. The aim/intention was to find out *[OR (passive). It was intended to find out]* in what and in who(m) today's children believe. What kind of people they love and hate. Who they like to look like. What are their likes and dislikes.

G **San Sebastián, 12 de julio de 1998 Querido Fer...**

2 **a** V; **b** F; **c** F; **d** V; **e** V; **f** F; **g** V; **h** F

3 *sección b* pretérito imperfecto; *sección c* pretérito imperfecto; *sección d* pretérito imperfecto; *sección f* pretérito imperfecto; *sección g* presente de indicativo.

5 envidioso/envidiado, envidiar; entusiasmo, entusiasmado; apoyo, apoyar; desayuno, desayunado; saltador/saltado/saltón, saltar; ensayo, ensayar; clavado, clavar; espanto, espantado/espantoso.

H Cuéntame un cuento

3. Erase una vez una niña llamada Caperucita Roja. Un día su madre le dijo (decir) que fuera a casa de su abuelita a llevarle la merienda.
La madre le recordó (recordar) que no cruzara el bosque, pero Caperucita no le hizo (hacer) caso y decidió (decidir) cruzarlo. Por el camino la niña se encontró (encontrar) con el lobo que le preguntó (preguntar) adónde iba. Caperucita se lo contó (contar) y siguió (seguir) su camino. El lobo pensó (pensar) en llegar a la casa de la abuelita antes que Caperucita y así lo hizo (hacer).
Al llegar, el lobo se comió (comer) a la abuela de un bocado, se vistió (vestir) con su ropa y se metió (meter) en la cama pretendiendo ser la abuela.
Cuando llegó (llegar) Caperucita a la casa de la abuelita pensó (pensar) que ella parecía un poco extraña y mirándola fijamente dijo (decir):
— Abuelita ¡qué ojos más grandes tienes!
El lobo respondió (responder):
— ¡Para verte mejor!
— Abuelita ¡qué orejas más grandes tienes!
— ¡Para oirte mejor!
— Abuelita, ¡qué dientes más grandes tienes!
En ese momento, el lobo saltó (saltar) de la cama hacia Caperucita y gritó (gritar):
—¡Para comerte mejor!
El malvado lobo se dispuso (disponer) a devorar a la pobre Caperucita, pero entonces un cazador que se dio (dar) cuenta de lo que pasaba se acercó (acercar) a la casita, sacó (sacar) su escopeta y mató (matar) al lobo.

Y dice el cuento que como el lobo se comió (comer) a la abuelita de un solo bocado, el cazador pudo (poder) sacarla del vientre del lobo sana y salva. Así que todos fueron (ser) felices y comieron (comer) perdices y a nosotros no nos dieron (dar) porque no quisieron (querer).

I La Policía atrapa a cuatro menores tras un tiroteo y una larga persecución

3 **a** Varias unidades policiales persiguieron ayer a un grupo de cuatro jóvenes que había intentado robar un coche.
b Los jóvenes se lanzaron a la huida por las calles del distrito Marítimo de Valencia
c La persecución causó impacto en la zona ya que hubo disparos por parte de la policía.
d Un vecino comentó que parecía tratarse de una película ya que no es frecuente ver por ese barrio una persecución tan violenta.
e Al final los jóvenes quisieron esconderse en un bar pretendiendo que tomaban un inocente café.

4 *Masculinos*: helicóptero, paseo, cuerpo, aire, furgón, turismo, servicio, Cabanyal, principio, número, vehículo.
Femeninos: nación, pistola, ocasión, velocidad, duración, seguridad, norma, circulación.

5 **a** en ese momento; **b** simulaban; **c** tranquilamente; **d** helicóptero; **e** parecido; **f** arrollar; **g** distrito; **h** no mucho; **i** reprodujo; **j** turismos; **k** creciente; **l** en su búsqueda; **m** atrapados; **n** poco después.

J Actividades extraescolares Jornada Intensiva

2 desayuno; clase; descanso para comer; clase; actividades extraescolares; a casa para cenar; a dormir.

4 In order to meet the new requirements of students, and even more so their parents, Spanish schools have gradually introduced into the curriculum every kind of activity, going beyond the subjects traditionally taught. For example, Pilar Fajardo, headteacher of the Maria Montessori School, tells us that in her school the pupils can attend, as part of their education, lessons in English, Pottery, Dance, Music, Judo and ICT, among other things.

5 Los niños en edad escolar se pasan el día yendo de una actividad a otra. Este tipo de vida se está convirtiendo en la regla general y los pequeños ahora no tienen tiempo para descansar o jugar libremente. La directora del colegio María Montessori explica cómo los colegios están respondiendo a las necesidades de los padres principalmente ofreciendo actividades que van más allá del programa

tradicional. El problema parece ser que al elegir los padres estas actividades, los niños se ven forzados a hacerlas y empiezan a sentir el estrés de la obligación.

K **La marcha mundial contra la explotacion laboral de la infancia llegó ayer a España tras haber pasado por Africa, América y Asia**

2 a V; b F; c F; d V; e V

3 protección, protegido; explotar, explotado; erradicación, erradicado; promover, promoción; existir, existencia; calificar, calificado; debatir, debate; encontrar, encontrado; compromiso, comprometido.

4 a agregó; b más tarde; c audiencia/reunión; d cifras; e cada vez; f derechos; g en vías de desarrollo; h ayuda; i rincones; j aprobadas; k leyes; l legislatura; m presidente; n aumento; ñ hilo.

L **Una aventura con final feliz**

2 1d; 2f; 3i; 4a; 5h; 6e; 7b; 8g; 9c

3 a4; b11; c14; d2; e8; f9; g13; h3; i12; j1; k7; l10; m15; n5; ñ6

4 cayó/cayeron; comentó/comentaron; creyó/creyeron; cundió/cundieron; desapareció/ desaparecieron; durmió/durmieron; hubo/hubieron; hizo/hicieron; llegó/llegaron; pidió/pidieron; pudo/pudieron; reincidió/reincidieron; fue/fueron; tuvo/tuvieron; vio/vieron

M **Dos amigos**

3 a Los niños, que/quienes jugaban en la plaza del pueblo todos los días, no eran conscientes de sus diferencias.

b El niño pobre cuyos padres apenas tenían el dinero suficiente para comer.

c La casa en la que vivía el niño pobre era muy humilde.

d La comida que probó el niño rico le fascinó.

e Los padres del niño pobre, que /quienes / los cuales habían hecho grandes sacrificios para que su hijo fuera a comer al hotel.

f Los padres del niño rico, que / quienes / los cuales nunca habían experimentado la pobreza, no sabían el problema que su hijo presentaba a la otra familia.

g El niño rico nunca se olvidó de la cabra que no cesaba de balar.

h Quienes / los que invitaron a comer en el hotel al niño pobre, son amigos míos.

N **Celebracion de la Fantasia**

3 a El autor no puede darle al niño la lapicera pero ofrece pintarle un cerdito en la mano.

b Los niños no rechazan la oferta sino que sacuden en masa a por los dibujos.

c Los relojes suizos son de buena calidad pero son muy caros.

d Los relojes japoneses no son caros sino baratos pero también son de buena calidad.

e Los relojes digitales tampoco son caros pero no son muy bonitos.

f El niño del relato tiene un reloj, pero es un reloj de fantasía.

4 a El autor pensó (no,) alejarse del grupo de turistas.

b Un niño se le acercó a pedirle que le (sí,) regalara/ase algo.

c El autor no se sorprendió de que el niño se le (sí,) acercara/ase.

d Todos los niños querían que Eduardo Galeano les (sí,) pintara/ase un animal en las manos.

e El escritor tuvo que (no,) preguntar a los niños qué animal querían en las manos.

f El último niño no quería que el escritor le (sí,) pintara/ase nada.

g El niño no se extrañó de que el autor le (sí,) preguntase si su reloj andaba bien.

5 a9; b5; c8; d12; e1; f11; g4; h10; i19; j15; k14; l2; m3; n16; o18; p13; q6; r7; s17

O **El Lazarillo de Tormes**

3 a (Vd) encomiéndeselo/no se lo encomiende; (Tú) encomiéndaselo/no se lo encomiendes.

b (Vd) mire/no mire; (Tú) mira/no mires.

c (Vd) sirva y ayude/no sirva ni ayude; (Tú) sirve y ayuda/no sirvas ni ayudes.

d (Vd) váyase/no se vaya; (Tú) vete/no te vayas.

e (Vd) dele/no le dé; (Tú) dale/no le des.

f (Vd) Trate/no trate; (Tú) trata/no trates.

g (Vd) Válgase/no se valga; (Tú) válete/no te valgas.

h (Vd) Acérquese/no se acerque; (Tú) acércate/no te acerques.

i (Vd) Oiga/no oiga; (Tú) oye/no oigas.

j (Vd) Avive/No avive; (Tú) aviva/no avives.

4 *Madre*: religión, mesón, pobreza, triste, resignación, triste destino, adopción.
El ciego: broma pesada, maestro, mesón, adopción, desconsideración, pobreza, viajar, diversión, experiencia, triste destino.
Lazarillo: huérfano, mesón, servir, triste, pobreza, viajar, dolorido, cambio de actitud, experiencia, resignación, triste destino.

La Juventud

A **¡No desesperes! Decálogo de cocina para estudiantes**

3 **a**: 5; **b**: 8; **c**: 1; **d**: 4; **e**: 9; **f**: 7; **g**: 10; **h**: 3

4: **a**: no demostréis; **b**: no seas; **c**: no salgas; **d**: no le eches; **e**: no utilicéis; **f**: no los escribas; **g**: no os esforcéis; **h**: no lo olvides; **i**: no te dejes; **j**: no le aconsejéis.

5: **a**: suba; **b**: vaya; **c**: no espere; **d**: tome; **e**: permítame; **f**: póngaselo; **g**: dígaselo; **h**: guárdatelo; **i**: diríjase.

B **¿Aprobarás en junio (1)?**

2 **a**: liberar; **b**: sueles necesitar; **c**: de maravilla; **d**: tienes tus dudas; **e**: me preparo a fondo; **f**: de otros años; **g**: apuntes; **h**: provecho; **i**: tienes claro; **j**: con lagunas; **k**: es insuficiente; **l**: regular.

C **¿Estás en paro?... ¡muévete!**

3 El encontrar trabajo es difícil pero no imposible. Para enfrentarse a la tarea hace falta una buena preparación y una gran dosis de optimismo. Si hay un área en la que tu preparación sea débil, aunque te cueste trabajo, dedícate a mejorarla inmediatamente. No pienses que todo lo que se necesita hoy en día es el inglés; hay un buen número de ingleses en paro por pensar así. Tampoco es buena idea el pensar que un conocimiento básico de ordenadores es bastante. Los ordenadores cambian sin cesar y hay que estar al corriente.

D **La emancipación en España ¿Emanciparme yo?**

3 Víctor no se marchó de casa antes por miedo al fracaso. A él le gusta hacer las cosas lentamente y además, viviendo con su familia, con la que se lleva de maravilla, ha podido dedicarse de pleno a su carrera y a divertirse. No tiene la menor duda de que hasta ahora no ha estado listo para la independencia.

Chus no se irá del hogar familiar hasta que tenga la posibilidad de hacerlo con comodidad. Para ella, el alquiler mensual es una mala inversión.

Para Laura, independizarse fue bastante difícil. Aunque pagaba poco alquiler, el dinero era escaso y tuvo que hacer varios trabajos además de estudiar. Ella mantiene una posición bastante dura hacia los jóvenes. Cree que son demasiado cómodos y que sus razones para no emanciparse no están justificadas.

4: **a**: independicen; **b**: tengan; **c**: se rompa; **d**: existiera; **e**: permanezcan; **f**: sea; **g**: sean; **h**: madurara, fuera responsable y aprendiera de sus propios errores.

E **La Emancipación (2)** ***En Gran Bretaña, Escandinavia y EEUU***

2 **a**: GB; **b**: EEUU; **c**: Esc; **d**: Esc; **e**: GB; **f**: EEUU; **g**: GB; **h**: Esc; **i**: EEUU; **j**:EEUU

5 cursa, cursó; se comportó, se comportara/ase; contribuyó, contribuyera/ese; recurre, recurrió; alcanza, alcanzara/ase; se halló, se hallara/ase; muestra, mostrara/ase, prefiere, prefirió; se quedó, se quedara/ase

F **Ecologistas ...**

2 **a**: F; **b**: F; **c**: V; **d**: V; **e**:V; **f**: F; **g**: V; **h**: F; **i**: V; **j**: F

3 Paper and glass are the main recycling materials. Newspapers and magazines, business letters, food boxes and all those containers made of paper or cardboard are recyclable. And the same applies to containers made of glass such as bottles, jam jars etc.

To recycle paper and glass objects we must get into the habit of keeping them apart from the rest of the rubbish and of taking them to special containers which can be found in practically every Spanish city. If there isn't one of these containers in the place where you live, you should demand one from your local Council.

4 Las tres jóvenes entrevistadas están de acuerdo con el reciclaje pero tienen dudas de que pueda implantarse de inmediato.

María Dolores piensa que la gente tiene hábitos muy arraigados y que es difícil hacer que estos hábitos cambien.

Susana no tiene fe en la gente mayor, pero está segura de que la juventud estará encantada de reciclar.

Para Diana, una vez aparezca la ley, reciclar no presentará ningún problema aunque reconoce que ahora no lo hace.

G Antonio Carmona: cantante de Ketama

2 **a**: padrino; **b**: higuera; **c**: conformar; **d**: de dónde ni de cuándo; **e**: olor; **f**: festivales; **g**: así nos pasábamos; **h**: subir; **i**: bucear

3 Los meses de mayo a septiembre los pasábamos en Málaga porque mi padre tenía que tomar parte en los festivales con Fosforito, su guitarrista. Allí, todo lo que hacíamos era pasarlo bien. Mis padres alquilaban una casa grande para que cupiera/ese toda la familia, tíos y demás parientes incluidos. Yo, que entonces tenía unos tres o cuatro años, disfrutaba subiéndome a los árboles y observando a mis padres que estaban muy enamorados.

Ahora me sigue gustando la playa, sobre todo la de Ibiza, pero no puedo pasar en el agua el tiempo que quisiera/ese porque tengo que actuar como antes lo hizo/hacía mi padre.

H Madre, sólo hay una... por suerte

3 **a** Si *hubiera tenido* una madre odiosa me *hubiera ido* de casa cuanto antes.
b Si *hubiera tenido* una madre más comprensiva *hubiera sido* más feliz.
c Si *hubiera podido* elegir a mi madre *hubiera elegido* otra vez a la que tengo.
d Si *viera* a mi familia les *contaría* lo que ha pasado.
Si *hubiera visto* a mi familia les *hubiera contado* lo que ha pasado.
e Si *vinieran* mis padres *iríamos* de compras.
Si *hubieran venido* mis padres *hubiéramos ido* de compras.
f Cuando *viva* con mi familia *tendré* menos gastos.
Si *hubiera vivido* con mi familia *hubiera tenido* menos gastos
g Si *cobrara* el primer sueldo *llevaría* a mi familia a cenar fuera.
Si *hubiera cobrado* el primer sueldo, *hubiera llevado* a mi familia a cenar fuera.

I Gamberros

3 **a** 3; **b** 8; **c** 11; **d** 2; **e** 10; **f** 6; **g** 14; **h** 4; **i** 12; **j** 16; **k** 5; **l** 7; **m** 1; **n** 13; **o** 15; **p** 9

J Consultorio

2 Nuria está preocupada porque la relación con la hermana de su novio no es buena. Para empezar, a ella no le gusta su futura cuñada porque trata de llamar siempre la atención de la gente. El caso es que el novio de Nuria defiende a su hermana y reprocha a su novia su actitud. Como la pareja vivirá con la cuñada después de casados, Nuria quiere saber si puede hacer algo para mejorar la situación.

Consuelo ha recibido una notificación notarial en la que se le dice que si no abona la suma correspondiente a la subida de su alquiler, tendrá que abandonar su vivienda. Como ella no está de acuerdo con la subida quisiera saber si la ley la apoya a ella o a su casero.

3 **a** 3; **b** 6; **c** 7; **d** 2; **e** 4; **f** 8; **g** 1; **h** 5

4 **a** para; **b** por; **c** para; **d** por; **e** por; **f** para; **g** por.

K Tengo 13 años

2 **1** c; **2** g; **3** j; **4** a; **5** d; **6** i; **7** b; **8** e; **9** h; **10** f.

L Erupción racista

3 emigración; solucionar; desaparecer; manifestación; asaltar; frecuencia; ataque; acoso; columpiar; explicar; confusión; aparición; dirigir; producir; juicio.

M Amistad

3 tuvo; estaban; se encontraba; pensó; hablaba; gustaba; empezó; duró; estaba; quiso; estaba; dijo; podía; dio; estaba; derrapó; salió; llegó; murió.

La madurez

A **Tics, costumbres y manías de los españoles**

2 **a**: no; **b**: sí; **c**: sí; **d**: no; **e**: no; **f**: sí

B **Aprender a vivir sola**

2 **a**: F; **b**: V; **c**: V; **d**: F; **e**: F: **f**: V

3 Passivity is, more often than not, women's worst enemy. Dreaming is pointless if it leads us to expect something to happen that will turn our dreams into reality. It will only be our own efforts that will bring success, personal growth and a feeling of effectiveness without which we will not be able to carry on and obtain the financial security and personal stability needed for a rewarding life.

4 **a**: error frecuente; **b**: culpar; **c**: doloroso; **d**: además; **e**: lamentarse; **f**: caer; **g**: muro; **h**: amargura; **i**: tener ilusión; **j**: fuente

C **Querida hijita**

2 **1** g; **2** e; **3** a; **4** h; **5** c; **6** f; **7** d; **8** b

3 We have both learned to live again. You made it clear very early on, that, regardless of your illness, you were determined to survive. That you wanted to carry on living although yours was going to be a different life to the one that your dad and I had planned for you. The first months were full of anguish and hope. I anxiously waited for your first smile and when it finally appeared, when at last you smiled at me that early morning, it was as if heaven had opened its door for me. I spent many months trusting in your recovery, but it didn't happen and today I don't mind telling you how much it hurts and how often I cry because of what has happened to you.

4 **a**: cuadrada; **b**: defectuosa; **c**: no me acuerdo; **d**: feliz; **e**: leve; **f**: salud; **g**: desprenderse; **h**: últimos; **i**: relajada; **j**: durmiera; **k**: infierno; **l**: río; **m**: grande; **n**: peor; **o**: demonio; **p**: arriba; **q**: anochecido; **r**: tristeza.

D **Alberto San Frutos**

3 **a** 4; **b** 10; **c** 7; **d** 1; **e** 8; **f** 11; **g** 9; **h** 6; **i** 5; **j** 3; **k** 2.

4 **1** g; **2** b; **3** e; **4** c; **5** j; **6** h; **7** f; **8** k; **9** d; **10** d; **11** i.

E **Ante el verano, la cuestión es...**

1 **a** asoman; **b** yemas; **c** medias; **d** ponerse a régimen; **e** imprescindible; **f** autodisciplina; **g** grasas; **h** desatan; **i** una dieta bien equilibrada; **j** paréntesis; **k** iniciarse; **l** No me quejo de que; **m** cogollo de lechuga; **n** adelgazar; **o** abdominales; **p** colgante; **q** vientre: **r** estoy harto de; **s** mal genio; **t** hueso.

2 **a** No figura en el texto; **b** No figura en el texto; **c** V **d** F; **e** F; **f** V.

F **Para gustos hay colores**

3 Shu-Yuan es una chica taiwanesa que estudió en España la carrera de Bellas Artes. Mientras era estudiante, conoció a Jesús y éste, al principio, sintió pena de ella porque casi no sabía hablar español. Después de unos meses en los que él decidió enseñarle personalmente, y durante un viaje de fin de curso, se hicieron pareja. Ahora, después de vivir juntos dos años y medio, van a casarse por el rito del yoga.

4 **a** Según el artículo, no se debe hablar de diferentes razas sino de diferentes culturas.

b Los dos jóvenes no han encontrado problemas insalvables para su convivencia ni tampoco para la práctica de su religión.

c Shu y Jesús trabajan mucho pero también saben divertirse.

d La pareja no sólo está muy compenetrada, sino que también es optimista sobre su futuro.

e El padre de Shu pensaba que todos los latinos eran perezosos pero luego cambió de opinión.

f Según el rito yoga, la mujer no sólo tiene que ciudar al hombre sino que también tiene que servirle.

g Tanto Shu como Jesús son vegetarianos.

h Los dos jóvenes comparten la misma religión pero han deshechado alguno de sus principios.

G **Lealtad, garantía de confianza**

1 **a** cachorro, **b** infantiles, **c** sentenciado, **d** cuna, **e** hará de menos, **f** de inmediato, **g** cuanto antes, **h** hizo honor a

2 Mi padre dijo que "leal" quería decir digno de toda confianza, alguien en quien podías fiarte siempre porque jamás te haría de menos, te abandonaría o te traicionaría... Y que las personas teníamos que aprender muchas veces de los mismos animales. Que ya iría siendo mayor y la vida me enseñaría que la lealtad era la verdadera garantía de confianza que nos merecía una persona. Y que quien tenía la suerte de tener cerca a alguien tan leal como su propio perro, casi lo tenía todo, porque nunca se sentiría sólo y siempre tendría en quien apoyarse y confiar sin el menor temor.

H **Las otras Navidades**

4 No hace mucho tiempo que Sarajevo terminó con la pesadilla de la guerra. A partir del momento en que serbios, croatas y bosnios firmaron los tratados de paz, la idea de celebrar las Navidades en paz dejó de ser un sueño . El coordinador de Payasos Sin Fronteras estuvo allí y nos cuenta su experiencia como testigo Robert Casals había estado antes en Yugoslavia y por ello le resultaba difícil creer lo que contaban los medios de comunicación, ya que según Robert, en Sarajevo se observaba una gran armonía racial y religiosa. El odio, sigue comentando Robert, ha aparecido ahora, sobre todo fuera de las ciudades. En Sarajevo, los habitantes tratan de llevar una vida normal. En diciembre de 1995 de nuevo todas las comunidades se dispusieron a celebrar juntas las Navidades.

I Los hombres estan cambiando *¿A Mejor?*

2 **a**: PT; **b**: PT; **c**: ND; **d**: CH; **e**: PT; **f**: PT; **g**: ND; **h**: CH

3 In some aspects they have always been like that. Particularly in those areas recognised as typical of their inner feelings, of their ability to work with their emotions... Women, in their silence and their subordinate role, have made the world go round, have spurred men to get into action; men have been the ones facing the world and taking decisions. And all that not only in major undertakings but in the day-to-day running of things and in the domestic arena. I for one am convinced that the future, for good or bad, will be female.

4 **Emociones:** afecto; felicidad; vulnerabilidad; trauma; seguridad; cariño, ternura

Profesiones: director general; empresa; periodista; oposición a juez; profesiones liberales; militar; médico; empleado; presidente de los EEUU

Hombres: recoger trofeos; razonamientos abstractos; ser siempre el mejor; tolerancia y respeto; orondo; nuevos descubrimientos

Mujeres: segundo plano; el futuro; matriarcado; intuición; inteligencia emocional; silencio; incitar a la acción

J Historias agridulces

1 **a** Augusto; **b** Carmen; **c** Juan; **d** José Manuel; **e** Luis.

2

Sustantivo	*Verbo*	*Adjetivo*
	acompañar	acompañado
pérdida	perder	
trabajador		trabajador
	ganar	ganado
tristeza	entristecer	
acoso	acosar	
	activar	activo
alquiler		alquilado

3 **I** c **II** f **III** a **IV** b **V** j **VI** g

K Carmen Maura: De la A a la Z

3 Carmen Maura ha sido una de las actrices más importantes del cine español de la democracia. Su película *Mujeres al borde de un ataque de nervios*, dirigida por Pedro Almodóvar, sorprendió y deleitó al público tanto español como extranjero. En esta película Carmen hace el papel de una actriz que trabaja en el doblaje al castellano de películas extranjeras. Ella vive en un ático plagado de plantas y de animales que nos habla de la nostalgia de los españoles de ciudad por el mundo rural que en la mayoría de los casos les está bastante cercano en el tiempo.

En *Mujeres* tienen lugar un sinfín de situaciones inverosímiles que los protagonistas aceptan sin parpadear; terroristas, adulterios, incendios, enamoramientos repentinos , todo pasa de forma vertiginosa mientras los personajes mantienen una cierta inocencia que nos hace sentir ternura hacia ellos. Quizá uno de los carácteres más famosos de *Mujeres* sea el taxista con el pelo teñido de rubio en cuyo taxi se puede encontrar de todo, desde aspirinas hasta un tubo de labios.

4 **a** 4; **b** 10; **c** 9; **d** 16; **e** 3; **f** 14; **g** 19; **h** 15; **i** 5; **j** 20; **k** 2; **l** 13; **m** 7; **n** 21; **o** 6; **p** 18; **q** 1; **r** 11; **s** 17; **t** 8; **u** 12.

L La perfección

1
a ojeando
b auspiciado
c rasgos
d se afana en
e secular
f desencadenan
g dañina
h lindar con
i sepia
j hospedarse
k pliegue
l nuestra mayor felicidad radicaría en

2 1 d; 2 a; 3 c; 4 e; 5 b.

M Tinto y copla

4 entiende entendió entendiera/ese; decidir decidió decidiera/ese; concluir concluyó concluyera/ese; despedirse se despide se despidió; acordarse se acuerda se acordara/ase; poder puede pudo; sale salió saliera/ese; poner pone pusiera/ese.

N La herida

2 Incipiente tormenta; aguda voz; entreverado jamón; alelado jovencito; absoluta verdad; nerviosísima perra; extraña historia; total silencio; satisfactoria nota; profesional conducta; fugaz estrella; enigmática personalidad; madura y sensata mujer; feroz lobo; concreto y nimio mensaje; infinita paciencia; irrellenable botella.

3 **a** Elena se aliena cuando se enamora, pero a mí el enamorarme no me aliena, al revés, me sienta de maravilla.

b Mi madre se pone nerviosísima si ve un ratón en la casa mi padre, en cambio se hace el héroe y se dispone enseguida a cazarlo.

c Cuando Hugo tiene que subir a un avión se convierte en un niño pequeño. Volar le da un miedo terrible.

d A mí la música me relaja y me ayuda a concentrarme pero sé que a alguna gente le molesta la música para trabajar.

e A Lupe el hacer ejercicio le da mucha energía y le quita el hambre.

f El pobre Lucas, cuando le dan una mala noticia se hunde enseguida. Luego se le pasa y puede empezar a pensar las cosas con calma.

O El amor reflejo

2 **a**: cosas sin sentido; **b**: antojos; **c**: sellarlas; **d**: franqueo; **e**: me lavan la ropa; **f**: siempre igual; **g**: disgusta; **h**: manuales; **i**: casi siempre; **j**: diputados; **k**: solucionarse; **l**: secuestran; **m**: ser raro; **n**: incorregible; **o**: consulto; **p**: consumirle; **q**: dándole; **r**: conecte; **s**: manda mucho.

P Mando

1 **a** 13; **b** 11; **c** 5; **d** 12; **e** 8; **f** 3; **g** 1; **h** 10; **i** 17; **j** 7; **k** 6; **l** 9; **m** 16; **n** 15; **o** 2; **p** 14; **q** 4.

2

verbo	*adjetivo*	*sustantivo*
mandar	mandón/mandona	mando
poder	poderoso	poder
espantar	espantoso/espantado	espanto
soltar	suelto	suelto
imponer	impuesto	impuesto/imposición
contemplar	contemplativo	contemplación
cambiar	cambiado/cambiante	cambio
conceder	concedido	concesión
crear	creativo	creación
trabajar	trabajador	trabajo
limitar	limitado	límite

S La bendita manía de contar

2 **a**: sí; **b**: sí; **c**: no; **d**: no; **e**: sí; **f**: sí; **g**: no; **h**: sí; **i**: sí; **j**: sí

4 **a** Cuando los niños van al circo se quedan boquiabiertos al ver los trucos de los magos.

b No hay nada peor que tener que estudiar a la fuerza.

c Es una chaqueta preciosa pero las mangas me están cortas.

d Dice unas mentiras tremendas y se queda tan campante.

e El as es la carta más valiosa de la baraja.

f A las actrices más guapas las fotografían mucho en primer plano.

g Dicen que comer yogurt ayuda a la longevidad.

h Las mejores novelas suelen tener buenos golpes de efecto.

i Te voy a contar un truco para que te salga siempre bien la mayonesa.

j El ser inteligente no tiene nada que ver con ser popular.

k La mayoría de los muebles de hoy se tienen que armar en casa.

l Hoy tiene una cara sospechosa, no sé lo que se trae entre manos .

m Empezó a estudiar un poco tarde.

n No me gusta jugar con ella porque hace trampas.